Reinhold Messner

Alle meine Gipfel

Herbig

5

8

7

Vorderes Vorsatzblatt:
Kindheit in Nagelschuhen: Reinhold Messner (ganz rechts) mit Mutter, Kindermädchen und den Geschwistern Helmut, Erich, Waltraud, Günther und Siegfried. Nach einer Wanderung hat der Vater seine Familie zum Gruppenphoto vor dem Hühnerstall versammelt.

Hinteres Vorsatzblatt:
Von den genagelten Kinderschuhen zum Leben auf Steigeisen: In der Nordwestwand des Hidden Peak.

Eingangsbildseiten:
1 Reinhold Messner auf seiner Lieblingsalm Gschmagenhart
2 Im gefährlichen Khumbu-Eisbruch am Mount Everest (1978)
3 Biwak in der Pelmo-Nordwand mit Luis Vonmetz und Jochen Gruber (1973)
4 (Titelseite): Der Mount Everest von Norden

Ausgangsbildseiten:
539 Der Kangchendzönga (8598 m) von Norden. Bestiegen über eine neue Route am 6. 5. 82
540 Anmarsch zum Gasherbrum II (8035 m) durchs Baltoro. Im Hintergrund die Gasherbrums – die leuchtenden Berge. Bestiegen am 24. 7. 82.
541 Der Broad Peak (8048 m) von Concordia aus gesehen. Bestiegen am 2. 8. 82.

5 Traum: Unter der Nordwand der Furchetta habe ich 1961 zum erstenmal biwakiert – hier habe ich angefangen, von den großen Wänden zu träumen.
6 Freude: Im rauhen Kalk der Neunerspitze-Südwand kann ich meine Lust an ästhetischen, rhythmischen Bewegungen ausleben, die mir ebenso wichtig ist wie das Klettern im extremen Fels.

7 Leistung: Jahrelang hat die Anstrengung in großen Höhen meinen Ehrgeiz befriedigt. Kletterei im Khumbu-Eisbruch am Everest
8 Geheimnis: Mehr und mehr ziehen mich die Mythen der großen heiligen Berge im Himalaja in ihren Bann. Ich will tiefer in das Geheimnis eindringen, das sie umgibt. Der Tamserku über Tengboche in Nepal.

Inhalt

Tausend Gipfel und mehr . . .

Hundert Erstbegehungen

Im Alter von fünf Jahren habe ich mit dem Bergsteigen angefangen, und in dieser ersten Zeit, die ich als die naive Phase in meiner Bergsteigerlaufbahn bezeichnen möchte, mit Sicherheit mehr als tausend Gipfel bestiegen. Das klingt gewaltig, und was die Anzahl der Gipfel angeht, war das sicherlich meine aktivste Zeit. Aus den ersten, einfachen Touren mit den Eltern sind langsam mehr und mehr geworden. Mit vierzehn, fünfzehn Jahren waren es bereits an die 50 Gipfel pro Jahr. Dann hat sich die Zahl enorm gesteigert und mit zwanzig Jahren habe ich es pro Bergjahr ungefähr auf 100 Gipfel gebracht. Ich bin damals, in der Zeit zwischen 1950 und 1964, hauptsächlich in den Dolomiten geklettert, auf relativ kleine Berge, und so erklärt sich die große Zahl.

Ohne viel über die Berge oder die Geschichte des Bergsteigens zu wissen, habe ich ganz klein angefangen, zuerst in den heimatlichen Geislerspitzen, dann in den umliegenden Dolomitengruppen, schließlich war ich bis zum Ortler vorgedrungen. Ganz einfach, nur immer hinter die nächste Bergkette schauen wollend, getrieben vom Wunsch, unterwegs zu sein, getrieben von der Neugier auf andere Gebiete. Allmählich wurde ich dann mit gedruckten Führern bekannt, mit den ersten Routenbeschreibungen, las staunend die Original-Berichte alpiner Geschichte. Schritt für Schritt bin ich dann ganz langsam in etwas größere Dimensionen gestiegen, ohne aber im geringsten an Ziele wie die Eiger-Nordwand, den Mount Everest oder gar den Nanga Parbat zu denken.

In dieser Zeit habe ich begonnen, meine ersten Erstbegehungen durchzuführen, in der Geislergruppe hauptsächlich, keine sensationellen Routen, aber zum

10

Teil hochalpine Touren im brüchigen Fels mit Eis, durch Schluchten, über Routen, von denen ich manchmal erst hinterher erfuhr, daß es sie bis dahin noch nicht gegeben hat.

Dieses Buch soll und kann keine Aufzählung aller meiner Touren sein. Ich möchte Sie durch die schönsten und die wichtigsten Routen aus meinem Bergsteigerleben führen, will Ihnen Appetit machen auf die Schönheit und Vielfalt meiner Berge, will Sie teilhaben lassen an der langsamen Entwicklung vom naiven Kind zum geschichtsbewuß-

ten Extrembergsteiger, ohne die die Verwirklichung meiner großen Ziele von heute niemals möglich gewesen wäre.

Die Aufnahmen aus der ersten Zeit sind meist recht amateurhaft und von bescheidener Qualität, aber ich möchte sie nicht weglassen, weil sie mir liebgewordene Dokumente sind. Ich werde Ihnen einige Seiten aus meinen ersten Tagebüchern zeigen, in die ich damals mit kindlichem Ernst so markige Sätze geschrieben habe wie diesen: »Euch stolzen Dolomiten schwöre ich ew'ge Treu!«

11

12

13

14

Wie ich dazu kam . . .

Wäre ich am Meer geboren, hätte mich mein Vater mit aufs Wasser genommen und ich wäre wahrscheinlich Seefahrer geworden. Ich hätte vielleicht eine andere Mentalität entwickelt, mich mit anderen Philosophien beschäftigt. Weil ich glaube, daß das Aktiv-sein-müssen, das Bedürfnis, meine Grenzen zu erfahren,

15 Beim Abseilen in den Geislern
16 St. Magdalena in Villnöss
17 Die Gschmagenhartalm
18 Gschmagenhart
19 Paul Kantioler, Heindl Messner und ich nach der Durchsteigung der Vinatzerroute an der Rosengarten-Nordwand, eine unserer ersten Sechsertouren
20 Im Klettergarten der Alpinschule an den Glatschköfeln
21 Günther in der Rosengartengruppe. Dritte Begehung der Schubertführe am Spitz Roé delle Ciampedie
22 Erstbegehung in der Gardenaccia

15

von Anfang an in mir gesteckt hat, wäre ich heute wahrscheinlich ein fanatischer Weltumsegler.

So aber kam ich in einem kleinen Dolomitental zur Welt und mein Vater hat mich als kleinen Buben zum Bergsteigen mitgenommen. Der Dorflehrer Josef Messner war ein begeisterter Freizeitbergsteiger ohne extreme Ambitionen und es hat ihm Spaß gemacht, seine kleinen Söhne mit hinaufzunehmen zu den großen Bergen am Ende unseres Tales. Auf leichten Wegen, aber mit klopfendem Herzen, haben wir unter seiner Führung unsere ersten Abenteuer erlebt. Weil ich von Anfang an eine natürliche Geschicklichkeit beim Herumklettern entwickelt habe, entdeckte ich sehr bald das wichtigste: eine ungeheure Freude beim Bergsteigen. Hier konnte ich meinen Mut beweisen, meine Kräfte austoben, Stolz auf überwundene Ängste erleben. Mein Vater ist ein strenger und guter Lehrmeister gewesen: »Stetige Entwicklung« war seine Devise und so haben wir langsam die Bewältigung von Schwierigkeiten und damit Selbstsicherheit entwickelt. Und weil unser Zuhause in den Dolomiten liegt, führte mich die erste Bergtour meines Lebens gleich auf einen Dreitausender, den Saß Rigais in den Geislerspitzen, die unser Tal wie ein filigraner Zaun aus Kalkriffen begrenzen. Ich war damals fünf Jahre alt. Vater hatte die Route über den Normalweg gewählt. Zwischen meiner voraussteigenden Mutter und dem absichernden Vater hinter uns erlebten mein Bruder Helmut und ich zum erstenmal im Leben das aufregende Gefühl, die hohen, steilen Berge wirklich und mit eigenen Händen anzufassen, die wir bislang nur ehrfürchtig vom Talgrund aus angestaunt hatten. Halbtot vor Müdigkeit und berstend vor Stolz blickten wir schließlich hinab in unser fast zweitausend Meter tiefer liegendes Tal, wo meine ahnungslosen Spielkameraden mein erstes überhebliches Mitleid erregten.

Von da an hat uns der Vater öfter mitgenommen, nicht ahnend, daß er mir damit noch eine ganz andere, neue Möglichkeit eröffnet hat: Die Möglichkeit, abzuhauen, wenn es mir einige Jahre später lästig wurde, auf der väterlichen Geflügelfarm mitzuarbeiten. Wie alle Kinder im Tal wurden wir sehr früh zu bäuerlichen Arbeiten herangezogen. Ich aber hatte einen wunderbaren Fluchtweg gefunden: Ich ging bergsteigen. Und ich hatte das Refugium gefunden, in dem ich meine Phantasien ausleben konnte.

19

20

16

17

18

22

21

Was ich rate . . .

Heute weiß ich, daß der sehr bescheidene Zugang zu den Bergen, der sich in vielen Jahren ständiger Praxis ganz langsam und konsequent zu einer schrittweisen Stufe für Stufe aufgebauten und schließlich immensen Erfahrung entwickelt hat, die Basis für mein Können und meine Sicherheit am Berg ist. Heute weiß ich auch, daß ich, unwissend und naiv, die Entwicklung der alpinen Geschichte mit meiner eigenen Entwicklung zum Bergsteiger nachvollzogen habe: Zuerst stieg man auf die Gipfel, ganz einfach, um oben gewesen zu sein. Dann versuchte man, diese Gipfel über schwierigere Wege zu erreichen. Den klassischen Routen folgten extreme. Schließlich kamen stilistische Gesichtspunkte ins Spiel, denen technische Entwicklung folgte. Man wiederholte diese Entwicklung aus den Alpen im Himalaja und schließlich versuchte man, die technischen Möglichkeiten auf Grund ethischer Gesichtspunkte zu reduzieren. Eine philosophische Komponente kam dazu, die durch ökologische Gedanken weiterentwickelt wurde. An der Entwicklung des Bergsteigens kann man die Entwicklung des menschlichen Denkens ablesen.

Was wir heute brauchen, das ist die Freude an der eigenen Geschicklichkeit, die Überwindung von Ängsten, die Erfahrung und Meisterung von Grenzsituationen, Selbstfindung. Für den streßgeplagten, entfremdeten Menschen unserer westlichen Zivilisation sind die Berge ein Spielraum geworden, in dem er die Dinge erfahren und erleben kann, die ihm im Alltag verwehrt sind. Spielraum, Spiel, Spielregeln. Sie zu beherrschen ist die Voraussetzung für die Inanspruchnahme der faszinierenden Möglichkeit Bergsteigen.
In meiner Alpinschule in Villnöss, in der unser Team junge und alte Menschen nach diesen Grundsätzen zu verantwortungsbewußten Bergsteigern ausbildet, habe ich festgestellt, daß auch für unsere Schüler ein II. und III. Grad der Kletterschwierigkeit für den Anfänger genauso spannend ist wie eine Wand des VI. oder VII. Grades für den Extremkletterer. Fällt etwas schließlich leicht, beherrscht man es, kann man die Grenze ein wenig nach oben verschieben.

Für uns war es damals ebenso interessant wie spannend, einen I. oder II. Grad selbst zu suchen und zu bewältigen. Der Vater, unser Lehrmeister, hat uns zum Beispiel durch die Schluchten zwischen den Geislertürmen geführt, um auf die andere Seite zu gelangen und so haben wir immer wieder das Gehen im Schrofengelände, auf Schnee- und Eisrinnen geübt. Stets hat uns der Vater vor allen möglichen Gefahren gewarnt und uns erklärt, wie sie zu vermeiden waren.

23

23 Unter den Fermedatürmen studiere ich an der Südseite eine neue Route
24 Ein Felsenfenster an der Nordseite der Geislerspitzen
25 Eisrinne in den Geislerspitzen
26 Mit Sepp Mayerl auf dem Ortlergipfel nach Durchsteigung der Nordwand
27 Günther am Ortler. Blick in die Nordwand
28 Am Gipfel der Gardenaccia im Gadertal
29 Furchetta-Nordwand im Winter

24

14

25

26

27

28

29

Genagelte Kinders

chuhe

Die Dolomiten waren damals nicht nur meine Heimat, sie waren viel mehr: mein Felsenschloß hoch über den Tälern, Symbole der Zwanglosigkeit, mein Traumreservat. Dort konnte ich allem Häßlichen entfliehen, mich austoben, dort entsprach die Welt meiner Vorstellung. Wenn ich in meiner frühen Jugend ein Idealist war, dann nur in diesem Sinne.«

Zwischen 1950 und 1960 bin ich so gut wie ausschließlich in Villnöss geklettert, gewandert und berggestiegen. In dieser Zeit bin ich hauptsächlich mit meinem Vater verschiedene Routen gegangen, die er in seiner Jugend schon gemacht hatte. So sind wir immer wieder auf die Fermedatürme geklettert. Zusammen mit meinen Brüdern bin ich in der Peitlergruppe und im Gebiet der Geisler herumgestiegen. Normalerweise haben wir damals im Sommer in jeder Woche eine Bergtour unternommen.

30 Die Geislerspitzen über den Wiesen von St. Magdalena in Villnöss

Kofelüberschreitung: Wir wandern zu drit von St. Peter nach
St. Magdalena; von hier auf die Kofel-
wiese und dann über den Ruefen
hinein und nach Kasseril hinunter;
Es hagelt und regnet und wir
sind froh in einer Schupfe Holz
und Obdach zu finden.

Hochgebirgswanderung: St. Peter –
St. Zenon –
Kreuzjoch – Roa-Scharte – Regens-
burgerhütte – Mittagsscharte – heim.
oder:
Gschmagenhart – Pana-Scharte – Mittags-
scharte – Gschmagenhart
Vaters Grundsatz: stetige Entwicklung;

Tourenbuch!

Wir alle
liegen in
der Gosse;
aber einige
von uns
sehen
die
Sterne.

Zu ihnen
zählen
die
Bergsteiger.
Sie sind
ihnen
am nächsten

Der Berg
schlecht
hin.

Warum
hinauf

Auf unseren Wanderungen versuchen wir nun ab und zu ein Wandl. In den Glatschkofeln suchen wir schon nach den ersten Problemen. Wir suchen Stellen, an denen wir unsere Kraft erproben können. Wir rüsten uns auf die ersten Touren.

Vater nimmt mich und Helmuth auf die kl. Fermeda mit.

Im gleichen Sommer erleben wir beide den faß Rigais über den Ostgrat.

Bergtouren in meiner Volksschulzeit:

Aus den Spaziergängen um St. Peter und St. Magdalena wurden bald Bergwanderungen; Schon 5 jährig nahmen mich die Eltern mit nach Gschmagenhart. Helmut und ich durften sogar einen Tag länger bleiben als vorgesehen, weil wir die Betobnlampe, die Wir beim Aufstieg im Walde vergessen hatten, holten.

Der erste Eindruck der Geisler ist gewaltig; überwältigend;

Auch über das Jahr 1960 hinaus, als ich anfing, mit Freunden, mit meinem Bruder Günther oder mit den Eltern in die Sellagruppe oder in die Heimat meines Großvaters mütterlicherseits, in die südlichen Dolomiten, zum Monte Pelmo und zur Civetta, zu reisen, war ich noch völlig naiv unterwegs. Wenn ich naiv sage, so meine ich damit, daß ich noch keine Ambitionen hatte, etwas Besonderes oder Außergewöhnliches zu leisten. Ich hatte kein spezielles Tourenprogramm, ich war unterwegs, weil die Möglichkeit dazu da war, weil ich Spaß daran hatte, unterwegs zu sein.

In der Mitte der sechziger Jahre dann habe ich angefangen, mich für die alpine Geschichte zu interessieren. Ich begann, Alpinzeitschriften zu lesen und meine eigenen Erstbegehungen zu veröffentlichen. In großer Unbefangenheit habe ich angefangen, mit Redakteuren zu korrespondieren. Schon damals war ich recht sachlich, wenn es um die reine Aussage ging. Ich schrieb meine Artikelchen nicht nur aus einer angeborenen Freude am Schreiben, sondern auch, um mir damit ein paar Mark zu verdienen. Ich machte die erste Bergführerprüfung, um mir mit diesem Nebenerwerb meine größer werdenden Touren zu finanzieren. Schon damals habe ich zielstrebig angefangen, mir eine mög-lichst unabhängige Basis für das zu schaffen, was mir am meisten Spaß machte auf der Welt: das Bergsteigen.

Die Welt meiner Kindheit, die der undurchdringlichen Natur, gab mir die Fähigkeit, mich dem Zufall auszusetzen, auch bei großen Schwierigkeiten die Verantwortung zu übernehmen, mir mein Selbstverständnis über alle Reisen und Länder hinweg zu bewahren. Damals und dort, in dem kleinen Südtiroler Bergtal wurde ich der, der ich heute bin.

Im Frühjahr kleine Fernred...

Sommer 61

Immer höher, immer steiler, immer schwerer

Im Winter 56-57 Skitour auf Brogles.

Weitere Schitour auf Glatsch

Später versuchen wir uns auf den Gampen wiesen.

Wir steigen ohne Felle bis zu den Almen auf und fahren dann die steilen Holzwege ab – mit Bremse natürlich.

...ge ich eine Tour auf die ...bei Regen u. Schnee mit Erich

Meine erste Bergtour habe ich im Sommer 1950 unternommen. Das war der Aufstieg mit den Eltern auf den 3027 Meter hohen Saß Rigais. In den Jahren danach kamen die Furchetta dran, die Kleine Fermeda, der Aufstieg über die Panascharte hinüber auf die Grödner Seite der Dolomiten. Immer wieder stiegen wir auf die Mittagsscharte, die zwischen Saß Rigais und den Fermedatürmen liegt und auch auf die Grödner Seite der Geislerspitzen führt. Oft haben wir dann den Rückweg über die Panascharte gewählt. Ob bei diesen Touren in den Geislerspitzen ein Gipfel das Ende war, ist gar nicht so wichtig gewesen. Für mich war das alles in jedem Fall eine Bergtour.

In der Mitte der fünfziger Jahre haben wir dann mit dem Vater angefangen, die schwereren Routen an den Geislerspitzen zu klettern, zum Beispiel die Nordwand des Saß Rigais und der Großen Fermeda. Wir hatten inzwischen auf den Normalwegen gründlich gelernt, mit Seil und Haken umzugehen, einen sicheren Standplatz zu bauen. Häufig mußten diese Touren abgebrochen werden. Entweder waren wir zu langsam oder der Vater fand die Routen nicht. Ich aber war noch zu unerfahren, um mich in diesem steilen, irrsinnigen Labyrinth von Felstürmen zurechtzufinden.

Sommer 1964: Es sind 3 Tage schulfrei! April. Wir fahren nach Gröden und steigen nach den Tschegler Almen auf. In der Pier-Longa Hütte richten wir uns es mit Hilfe unseres Schwarzschlüssels heimisch ein. Einen 6er. Noch am Nachmittag gehen wir zum Saß - de Mesdi. Die Sonne scheint, trocken lachen die gelben als Anfang? ... und grauen Felsen zurück. Wer denkt schon an vereist.

Hannemannriss: Herrliche Kletterei bis zum großen Loch Hier finden wir eine Eisplatte. Es gelingt uns einen Haken freizubekommen und nach 3 Versuchen gelingts. Der Bann ist gebrochen – d. I. B.

Grosse Fermeda: Normal am nächsten Tag

1950
Erster Dreitausender

Wer einmal eine Zeit erlebt hat, in der keine Stunde der anderen gleicht, in der sie alle verfliegen und im Rückblick doch unendlich lang sind, weil sie alle einzigartig waren, der sucht, der braucht diese Zeit immer wieder.

32 Pestsäule in Villnöss
33 Ausblick vom Saß Rigais nach Süden
34 Die Geislerspitzen von Norden
35 Aufstieg zur Mittagsscharte in den Geislerspitzen
36 Schulkinder in St. Magdalena
37 Panascharte mit den Kleinen Geislerspitzen
38 Die Gipfeltürme der Furchetta

36

37

33

38

1955 . . .

Klettern in den Geislerspitzen

39

39 »Verhauer« an der Großen Fermeda
40 Die Einstiegsseillängen zur Südostkante an der Cisles-Odla in den Geislerspitzen
41 An der Großen Fermeda-Südostkante
42 Die Kleinen Geislerspitzen von Norden
43 Die Kleinen Geislerspitzen von Süden

41

40

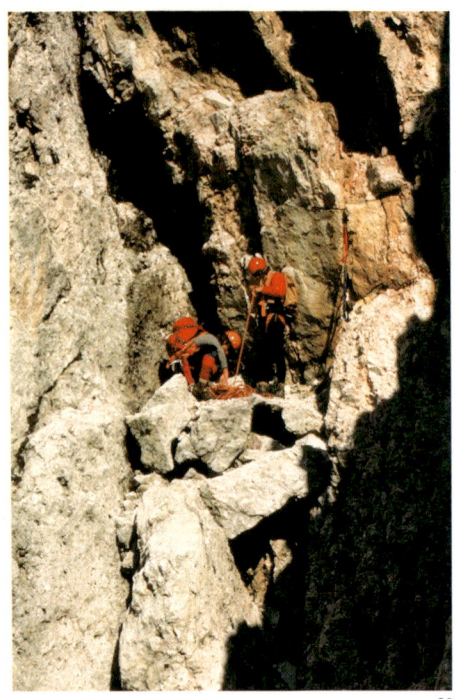

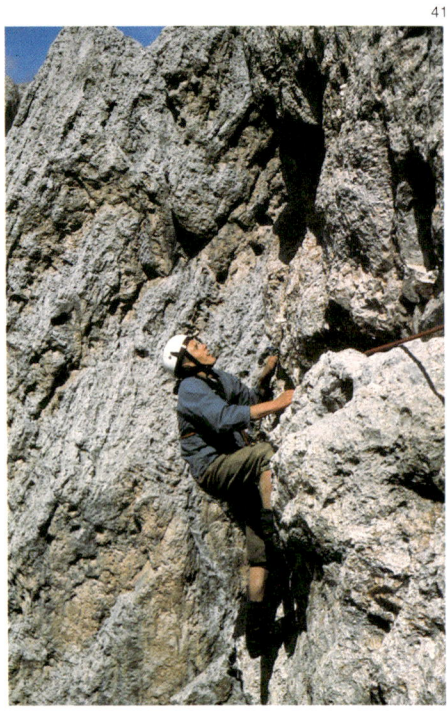

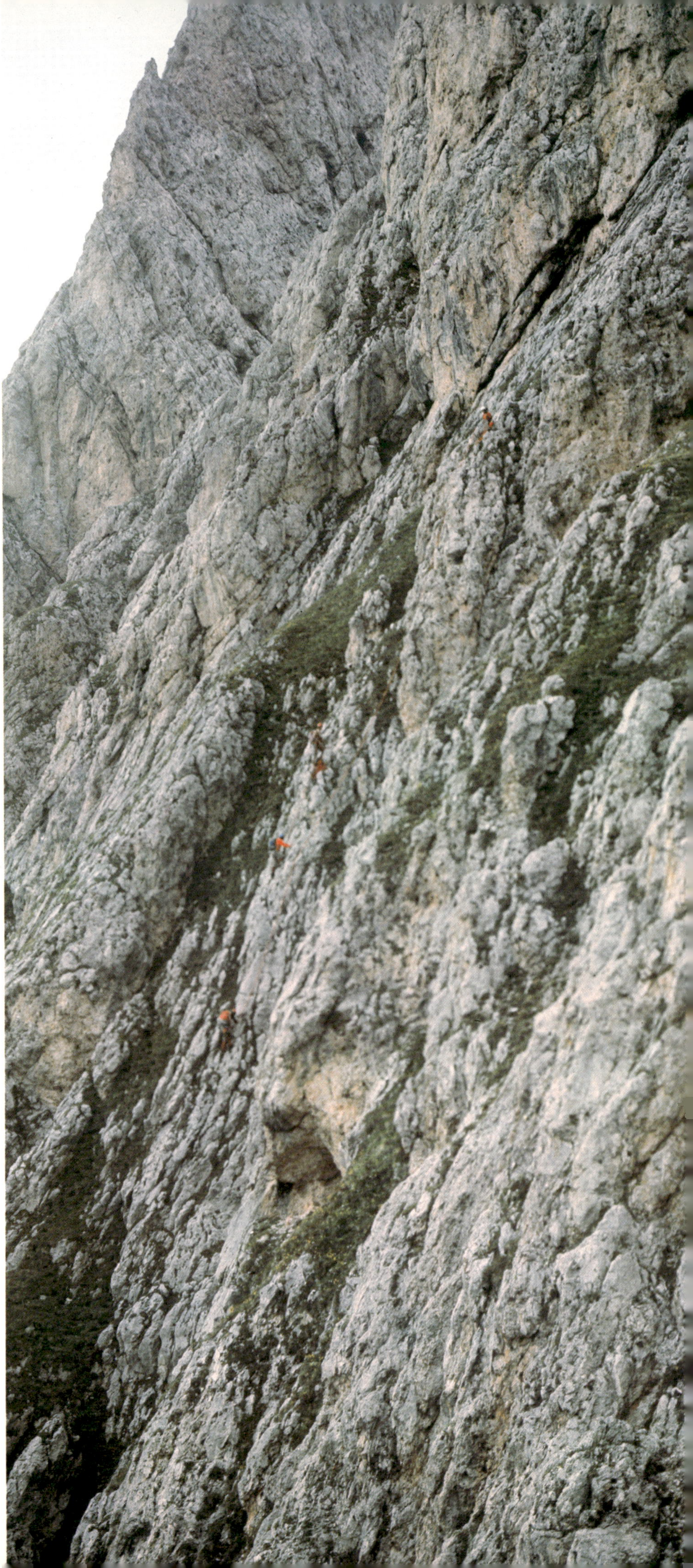

42

43

44

48

45

49

Ausbruch

In der Enge des Tales von St. Peter, wo ich aufgewachsen bin, hatte ich als kleines Kind nie die Möglichkeit gehabt, über die Bergrücken zu schauen. An der Südostseite des Tales begrenzten die Geislerspitzen die Welt, an der Ostseite der Ruefen, an der Nordseite die steilen Waldhänge hinauf nach Coll, an der Südseite die Raschötz und nach Westen hin das Rittner Horn.

Der Himmelsausschnitt war nur einige Quadratkilometer groß und erst, als ich zum erstenmal auf eine der Geislerspitzen gestiegen war, konnte ich einen viel größeren Horizont sehen, andere Bergketten, andere Täler, und ich lernte begreifen, daß mein Tal nur ein ganz kleiner Teil der Welt war. Diese Erkenntnis weckte meine Neugier.

Der erste Ausbruch war eine Wanderung mit meinem älteren Bruder Helmut und einem Freund von den Geislern bis zum Grödner Joch und zurück.
1960 fing ich an, die Geislerspitzen mehr und mehr zu verlassen. Wir machten die ersten einfachen Touren in der Sellagruppe, der Cirgruppe und im Puez-Gebiet.

46

47

50

44 Geislerspitzen und Puezgruppe vom Sellajoch aus
45 Geislerspitzen (rechts hinten) von den Cirspitzen her gesehen
46 Cir- und Sellagruppe
47 Puezgruppe
48 Im Puezgebiet
49 Die Sellagruppe überm Grödner Joch
50 Aufstieg zur Panascharte in den Geislern

27

1960

Peitlerkofel

Den Peitlerkofel habe ich alles in allem sicherlich zwanzigmal in meinem Leben bestiegen. Ich habe drei Erstbegehungen an ihm gemacht und alle alten Routen wiederholt.

1966, bei der dritten Begehung der Schließler-Führe in der Westwand mit Heini Holzer sind wir in einen Wettersturz geraten, die obere Hälfte der Wand war verschneit. Mitten im August glaubten Heini und ich, in der eiskalten, patschnassen Wand erfrieren zu müssen. Wir kletterten um unser Leben.

Viel später, im Juni 1968 gelang mir mit meinem Bruder Günther zusammen an der Nordwand eine neue Führe. Sie verläuft zwischen der alten Nordwandführe und der Schließlerroute. 600 Meter guter, frei kletterbarer Fels im Schwierigkeitsgrad V+.

Günther hatte mir eine Postkarte nach Padua geschickt: »Peitler, große Klasse – gut studiert – alles frei – 1 Tag – erwarte Dich Samstag«. Übermüdet habe ich mein Studium Studium sein lassen, bald hat mich Günthers Begeisterung angesteckt und es wurde eine unserer vergnüglichsten Touren daraus.

51

51 Peitlerkofel von Norden. Interessant ist der geologische Unterbau
52 Peitlerkofel von Norden. In der Mitte der Wand verläuft unsere Erstbegehung
53 Peitlerkofel von Südosten
54 Blick von der Kofelwiese auf das Villnösstal
55 Heindl Messner in der alten Nordwand
56 Paul Kantioler in der alten Nordwand
57 Vorsichtig bewege ich mich in der Westwand bei der Begehung der Schließlerführe

52

53

55

56

54

57

1962

Die großen Nordwände an den Geislerspitzen

Insgesamt habe ich an den Geislerspitzen auf der Nordseite sicher über 100 Touren durchgeführt. Allein die Furchetta-Nordwand wurde von mir bestimmt ein halbes Dutzendmal durchstiegen, über die Sollederführe und auf anderen Routen. Die Wintererstbegehung konnten Heindl Messner und ich 1967 verbuchen. Sie gelang uns in 10 Stunden und ohne Biwak bei 5 Grad unter Null.

Die Westwand der Furchetta habe ich als erster durchstiegen und an ihrer Nordflanke verschiedene, mehr oder weniger wichtige Varianten gemacht. In diese Wand war ich so verliebt, daß ich ihr damals ein pubertäres Gedicht schrieb:

Furchetta!
Schöner kann ein Mädchen kaum sein,
Du hältst mich gefangen!
In meine Träume schaltest Dich ein,
mir glüh'n schon die Wangen,
wenn ich Dich sehe.
Wenn ich dann gehe,
rufst Du mir nach,
ich soll wiederkommen.
Welches Mädchen ist so wie Du?
Du schweigst und rufst doch.
Nach Jahren spricht meine Erinnerung
noch von Dir,
die ich liebe.

Die Nordwand des Saß Rigais habe ich mit Günther durchklettert, als wir Schulbuben nur ein altes Hanfseil und einen einzigen Steinschlaghelm unser eigen nannten, den wir abwechselnd aufsetzten.

Am Campiller Turm, der Villnösser Odla, dem Villnösser Turm und an der Großen Fermeda sind mir in den Nordwänden Erstbegehungen mit Villnösser Freunden gelungen.

58 Furchetta-Nordwand im Sommer
59 Die Nordwand des Saß Rigais
60 Furchetta-Nordwand im Winter
61 Zustieg zur Furchetta-Nordwand im Winter über den Munkelweg
62 Der Campiller Turm
63 In der Saß-Rigais-Nordwand
64 In der Saß-Rigais-Nordwand
65 Erstbegehung am Nordpfeiler der Villnösser Odla

58

60

59

63

64

61

62

65

1963
Cir und Sella

66

67

Die Sella- und die Cirgruppe sind mit ihren vielen klassischen Routen ein Kletterparadies, das durch seine kurzen Anmarschwege unendlich viele Touren- und Trainingsmöglichkeiten bietet. Hier habe ich so ziemlich alle Routen im Lauf der Jahre wiederholt; sogar den inzwischen eingestürzten Adangkamin an der Cirspitze habe ich trotz seiner Brüchigkeit gerade noch rechtzeitig geschafft. In diesem Gebiet sind mir kleinere Erstbegehungen gelungen wie die Nordwand der Kleinen Rodelheilspitze und 1966 die zweite Winterbegehung der Nordwestwand am Saß Pordoi mit Sepp Mayerl.

68

69

70

71

66 Ich klettere im geschweiften Kamin
67 Der geschweifte Kamin
68 Im geschweiften Kamin
69 Die große Cirspitze von Süden
70 Die Pordoi-Westwand
71 Blick von den Cirspitzen zur Sella
72 Ausstieg zum großen Band an der Nordwestwand des Saß Pordoi

72

Der Schlern

Wie oft ich auf die Santnerspitze geklettert bin, kann ich heute gar nicht mehr genau sagen. Aber ich kann mich erinnern, daß ich einmal von Seis aus auf ihren Gipfel und wieder zurück in weniger als zwei Stunden gerannt bin.
Neben der berühmten Burgstallkante und den Jungschlernkanten wurde von mir immer wieder die Santnerspitze heimgesucht, über die Abramführe, über die klassische Glanwellkante. Auch die Euringerspitze blieb nicht verschont.

73 Der Schlern von der Seiser Alm aus gesehen
74 Blick von der Santnerspitze auf Kastelruth, Seis und den Ritten
75 Am Gipfel der Santnerspitze
76 Die Santnerspitze von Norden

73

74

34

75

76

Ausflüge mit und ohne Alpenverein

Der Südtiroler Alpenverein hatte in Villnöss eine emsige Gruppe von jugendlichen Anhängern. Jeden Sommer planten wir gemeinsam eine Reihe von Touren und hatten so die Möglichkeit, andere Berggebiete kennenzulernen. Einer unserer Ausflüge führte uns zum Pragser Wildsee, wo ich dann mit meinem Bruder Günther die Nordwand des Seekofels durchstiegen habe. Im österreichischen Piztal wurde ich gemeinsam mit fünfzehn anderen Jugendlichen bei einem Großkurs im Fels zum sogenannten AV-Jugendleiter ausgebildet. Auch am Grödner- und Sellajoch habe ich an Kursen teilgenommen.
Später machte ich dann die mit dem Alpenverein aufgesuchten Gebiete allein unsicher, um mich an immer schwereren Routen zu versuchen.

78 Im steilen Fels habe ich mich schon damals am glücklichsten gefühlt
79 Die Murfreidtürme in der Sellagruppe
80 Der Monte Cristallo
81 Am Lagerfeuer mit AV-Jugend
82 Der Latemar
83 Blick auf den Saß Songher von Corvara

78

81

79

80

82

83

1964
Die drei Zinnen

84 Der Paternkofel
85 Im Dach der Scoiattolikante
86 Kleine, Große und Westliche Zinne von Norden
87 Die Kleine Zinne mit der Gelben Kante, die sich scharf gegen den Horizont abzeichnet. Daneben die Punta Frieda und die Kleinste Zinne
88 Die Scoiattolikante

84

85

88

In den Drei Zinnen habe ich neben der Gelben Kante und der Scoiattolikante an der Westlichen Zinne zwischen 1960 und 1980 ein gutes Dutzend Routen geklettert. Darunter waren der Preuß-Riß an der Kleinsten Zinne, die Südostwand der Punta Frieda und die Nordwand der Kleinen Zinne (an einem einzigen Nachmittag und allein geklettert), die Egger-

führe an der Kleinen Zinne und die Comici-Führe über die Nordwestkante. Besonders aber hat mich der Paternkofel interessiert, weil ich als Bub das Buch »Der Sepp« von Karl Springenschmid gelesen hatte, in dem das Schicksal des Bergführers Sepp Innerkofler beschrieben wird – lange Zeit für mich ein Idol.

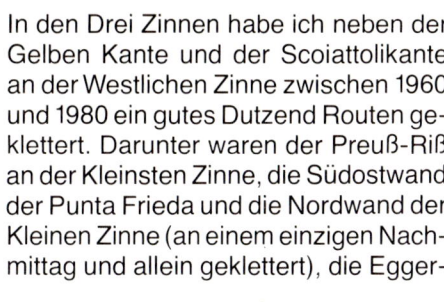

Civetta Süd

In der südlichen Civettagruppe war ich bereits 1963. Dabei bin ich über mehrere Normalwege auf die wichtigsten Türme geklettert, von Süden her auf den Monte Civetta, später über die Südwand auf den Torre Venezia, über die Südwestkante auf den Torre Trieste. Noch ein paar Jahre später gelangen mir auch die Bancon-Ostwand und eine Erstbegehung am Castello della Busazza.

Gegenüber der Coldaihütte steht die Cima Ziolere. Weil die Hüttenwirtin Anna sich stets rührend um ihre Schützlinge gekümmert hat, machten Heini Holzer und ich ihr zu Ehren eine kleine Erstbegehung an der Ziolere-Nordkante und tauften sie »Spigolo Anna«.

90 Der Torre Venezia von Süden
91 Die Nordwestwand der Civetta vom Coldai-See aus
92 Torre Trieste von Süden
93 Abseilen vom Torre Trieste
94 Cima Ziolere-Nordkante
95 Die Messner-Führe am Castello della Busazza

90

93

94

91

95

92

Die Sella-Türme

Die drei Sella-Türme sind kein Klettergarten und kein Gebirge. Sie liegen dazwischen und bieten trotzdem Möglichkeiten in allen Schwierigkeitsbereichen
und mit den verschiedenen Charakteren
einer Bergtour. Immer wieder hat es uns
dorthin gezogen und nach einer un-
ermüdlichen Klettersaison habe ich hier
auf einer Wiese geschrieben:

*In diesem Sommer war ich glücklich.
Von Juni bis September, von morgens
bis abends. Was ich genoß, war dieses
Gefühl der Unsterblichkeit auf der
Haut, dieser Dunst in der Luft, wenn
ich unausgeschlafen und widerstands-
los zum Einstieg ging oder am Abend
zerschunden und schwerelos vor Müdigkeit am Gipfel saß. Die Zukunft
war eine Gerade.*
*Mit in Rissen verkeilten Fingern, tage-
langen Eilmärschen, Käse und Brot im
Rucksack, führte ich oft hart bis an die
Grenze des Todes ein unbeschwertes
Leben.*

Die liebste Tour an den drei Türmen ist
mir bis heute eine Erstbegehung am
2. Sellaturm in der Nordwand: 1968
habe ich sie mit meinem Bruder Günther
eröffnet, eine Traumroute freier Kletterei, die wir mit V+ bewertet haben. Wie-
derholer meinten, wir hätten damit stark
untertrieben.

96

97

98

100

101

96 Seilschaft in der Jahnführe im oberen Teil
   des Dritten Sellaturms
97 Der Südpfeiler am Ersten Turm
98 In der Rossi-Führe am Ersten Sellaturm
99 Sella mit Sellatürmen
100 Südwand am Zweiten Turm
101 Kamin am Ersten Turm

Marmolata Süd/Nord

Die Marmolata mit ihren steilen Felsabbrüchen auf der Südseite und der vergletscherten Nordseite war für mich Anfang der sechziger Jahre eine ideale Arena.

102 Marmolata und Gran Vernel von Norden
103 Die Marmolata von Süden. In der Mitte zwischen Wolken und Fels die klassische Südwandführe.
104, 105, 106 In der Nordwand der Marmolata di Penia
107 Abstieg am Marmolata-Normalweg

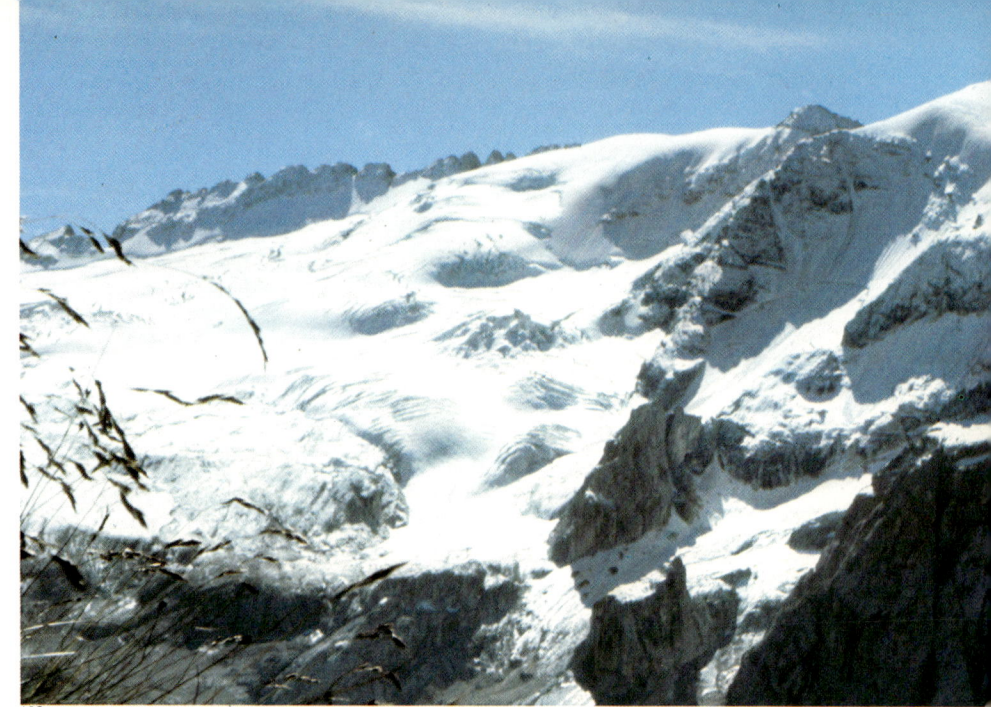

102

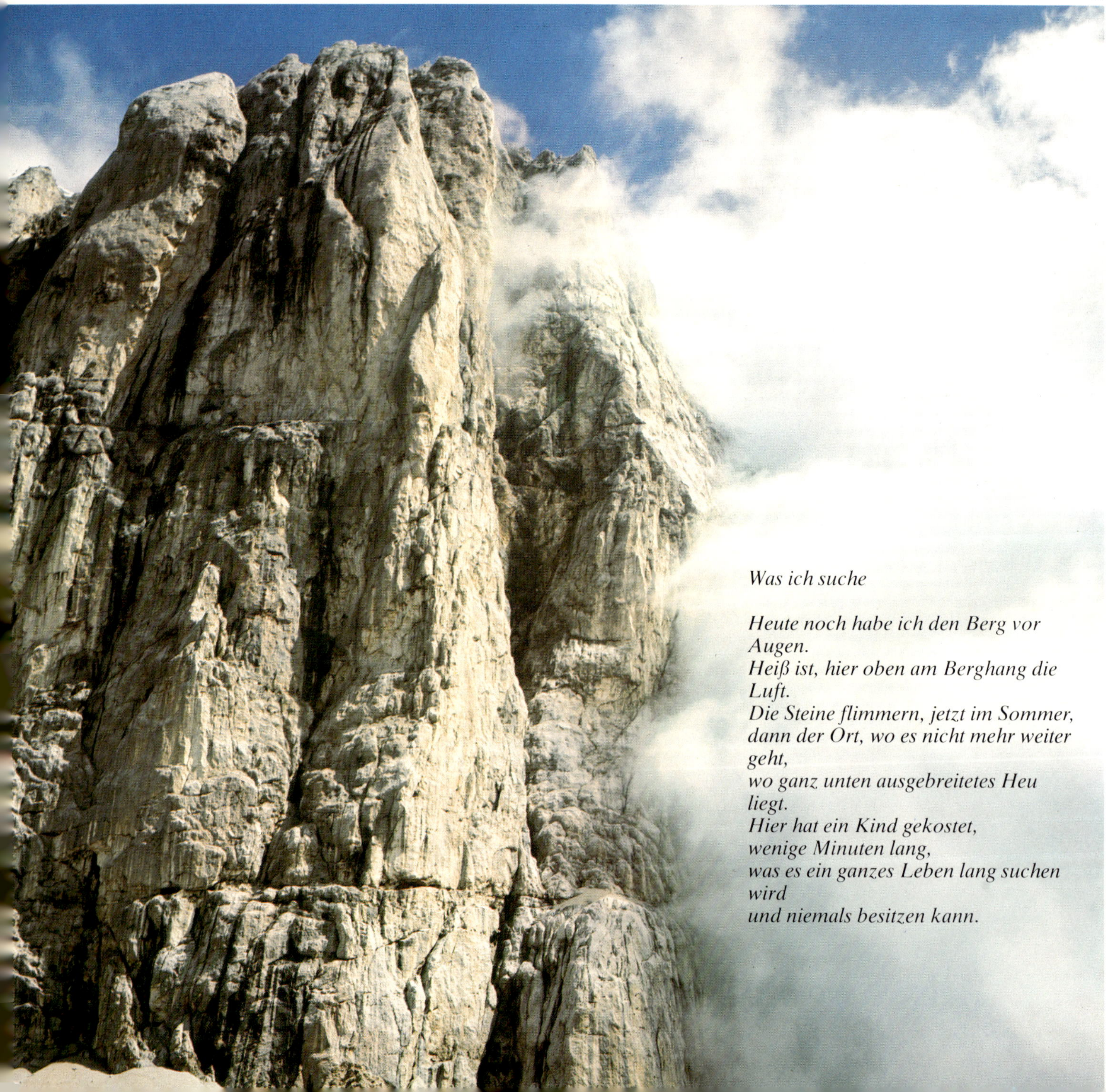

103

Was ich suche

Heute noch habe ich den Berg vor Augen.
Heiß ist, hier oben am Berghang die Luft.
Die Steine flimmern, jetzt im Sommer,
dann der Ort, wo es nicht mehr weiter geht,
wo ganz unten ausgebreitetes Heu liegt.
Hier hat ein Kind gekostet,
wenige Minuten lang,
was es ein ganzes Leben lang suchen wird
und niemals besitzen kann.

104

105

106

107

Rosengarten

Vom stickigen Bozner Talkessel aus sind die luftigen Türme und Wände des Rosengartens immer ein tröstlicher Anblick für mich gewesen. Zuerst auf mittelschweren Wegen, dann auf den schwereren habe ich hier zwischen Rosengarten-Ostwand, Rotwand, den Mugoni-Spitzen und den eleganten Delagotürmen viele Dutzend klassischer Routen kennengelernt.

Georg Winkler, dem hier Ende des letzten Jahrhunderts große, freie Erstbegehungen gelungen sind, war damals mein glühendes Vorbild. *Kein Ding gedeiht, an dem nicht der Übermut sein Teil hat*, war einer seiner Wahlsprüche, den ich mir nur zu gern ins eigene Tourenbuch geschrieben habe.

111

114

112

113

115

In der Rotwand lernte ich 1966 einen Kaminkehrer kennen, der in einer Führe weiter links lustige Lieder vor sich hinpfiff: Heini Holzer, der mich von da an auf vielen meiner Touren begleitete.

108 Der Winklerturm
109 Am Rosengarten-Südgrat
110 In der Delagokante
111 Kesselkogel von Westen
112 Laurinswand und Delagotürme von Norden
113 Rosengarten von Osten
114 In der Goedeke-Route am Kesselkogel
115 In der Stegerführe an der Rosengarten-Ostwand

Ortler-Nordwand

1964 gelang uns eine der großen Eiswände der Ostalpen — und damit die Erfüllung eines unserer frühen Bergsteigerträume. Besonders stolz waren wir dabei auf die Tatsache, daß uns am großen Sérac in der Wandmitte eine direkte Variante geglückt ist.

Einen Monat zuvor hatte ich mit meinem Freund Heindl Messner die Nordwand der Königsspitze durchstiegen und mit Günther die Vertainspitze-Nordwand. Etwas früher hatte ich bereits die drei zentralen Ortlergipfel Ortler, Zebru, Königsspitze und auch die südliche Ortlergruppe überschritten. Noch heute steige ich gerne zur Hintergrathütte hinauf, setze mich an den kleinen See mit den Wildenten und studiere die prachtvollen Nordwände, die sich Jahr für Jahr verändern — denn Eis ist lebendig.

116 Königsspitze, Zebru und Ortler von der Hintergrathütte aus
117 Am Ortler-Normalweg
118 Aufstieg zum Schrötterhorn
119 Ausstieg aus der »Schaumrolle«, dem großen Eiswulst in der Königsspitze-Nordwand
120 Die Nordwand der Königsspitze
121 Blick vom Ortler-Normalweg in die Nordwand
122 In der Bildmitte die Vertain-Nordwand
123 In der Ortler-Nordwand

119

120

121

48

117

116

118

122

123

49

1965

Cinque Torri

1965 habe ich zwischen den wild zerklüfteten Felswürfeln mit Günther ein Zelt aufgeschlagen. Wir wollten für große Touren trainieren. Obwohl es Juni war, gab es viel Schnee, bissige Kälte und fast täglich ein Gewitter. Hier fanden wir alles: Direttissimas, Verschneidungen, Kanten, Risse und verführerische Ausblicke auf die Tofana di Rozes.
Mit wundgekletterten Fingern und todmüde machten wir uns einige Tage später auf den Heimweg. Nach solchen Unternehmungen mochte uns die Mutter am liebsten, weil wir wenigsten jetzt für ein paar Tage friedlich waren. In unseren Köpfen aber schmiedeten wir bereits heimlich Pläne für einen wilden Sommer.

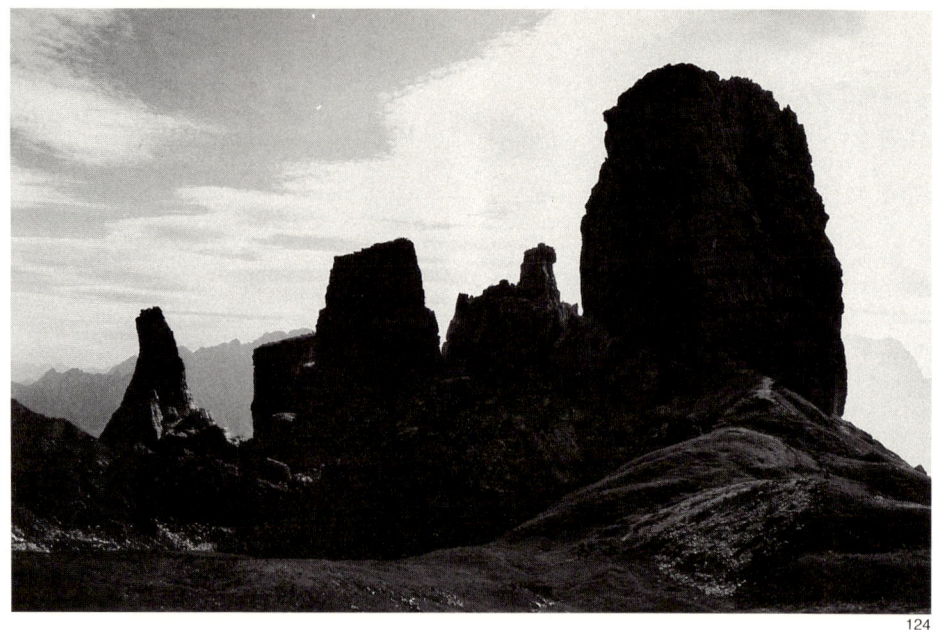

124 Die Cinque Torri
125 Günthers und mein Zeltlagerplatz
126 Dibona-Riß in der Nordwand des Torre Grande
127 In der Direttissima am Torre Grande
128 In der Südwand des Torre Grande
129 Abseilen vom Zweiten Turm

124

Klettereien an den 5 Torri.

Via Miriam V;
Direttissima Franceschini VI;
Nordverschneidung Torre 2 IV;
N-W-Kante - Torre Grande W-Gipfel. IV-V;
Diretta Dimai VI;
S-W-Kante auf den W-Gipfel IV;
N-Riß Torre Grande. V;
NO-Wand Torre Gr. - W-Gipfel VI;
Torre Inglese. VI;
S-Riß-Torre Seconda. II;

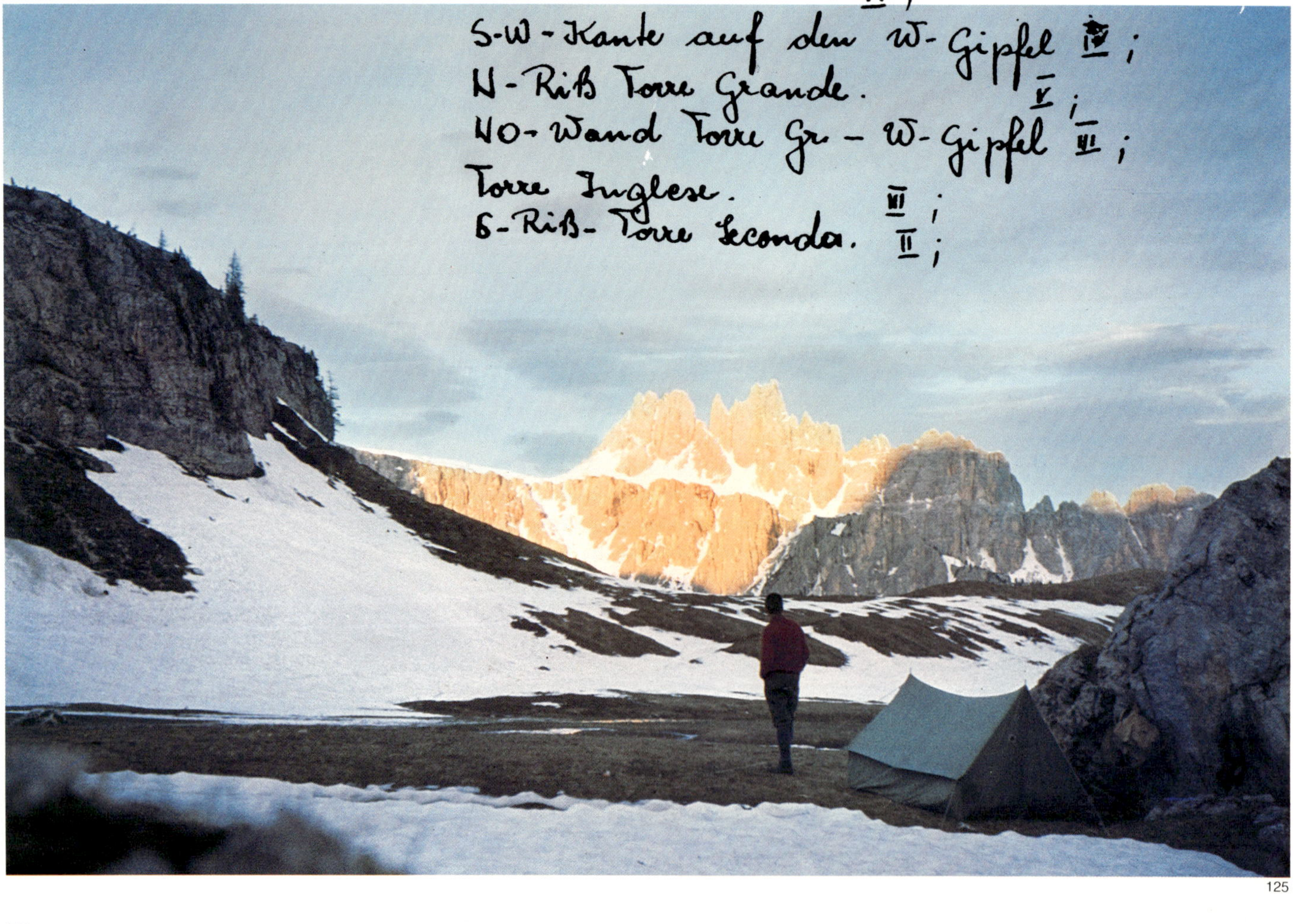

125

126

127

128

129

Pelmo-Nord

1965 kletterte ich zusammen mit Günther die Pelmo-Nordwand in einem fürchterlichen Wettersturz. Obwohl wir bei sternklarem Himmel aufgebrochen waren, brach am Vormittag ein Sturm über uns herein, dessen erste Anzeichen wir beim konzentrierten Klettern in der schwierigen Wand überhaupt nicht bemerkt hatten. Ein Wolkenbruch verwandelte die Wand in Minutenschnelle in einen Wasserfall. Verzweifelt starrten wir in das Grau des Nebels, durch das von oben Steine wie Geschosse an uns vorbeipfiffen. Naß, zitternd und verzweifelt kämpften wir uns nach oben. Warten hätte den sicheren Tod bedeutet. Eine kurze Pause des Unwetters ließ uns neuen Mut schöpfen, doch schon brach es erneut über uns herein. Am ganzen Leib zitternd, am Ende unserer Kräfte, mit blutigen Fingern erreichten wir den Gipfel. Für Freude war keine Zeit. Im Regen taumelten wir über den Normalweg hinab. Das Unwetter hatte im ganzen Land schwere Verwüstungen angerichtet. Erst zwei Tage später kamen wir auf Vaters altersschwachem Motorroller wieder nach Hause, weil die Straßen vielfach verschüttet und einige Brücken eingestürzt waren.

Damit begannen für uns die Sommer der wirklich großen Touren. Später lernte ich am Pelmo noch den Südostpfeiler kennen und eine Variante in der Nordwand. Kleinere Führen am Pelmetto waren auch dabei.

130

131

132

Seit einer Stunde stiegen wir durch das steile Kar aufwärts. Ich fühlte, wie unter meiner dicken Jacke der Schweiß ausbrach. Trotzdem zog ich sie nicht aus. Ich konnte den Gehrythmus nicht unterbrechen. Der Schotter krachte leise unter den Schuhsohlen, Schmetterlinge flogen hin und her, der Schrei eines Zirbelhähers drang bis zu uns. Ich dachte an Marlene, wie sie im Büro saß, wie sie ein Lied sang. Ich würde ihr erzählen, daß in einer Felsspalte da oben noch wilde Veilchen blühten. Wilde Veilchen, wie ich sie als Schüler in der Osterzeit immer gesehen hatte, wenn ich im Zug von Bozen nach Klausen gefahren bin, in die Ferien. Damals, als die Schule meine Zeit ausfüllen sollte, dachte ich viel an dieses Kar, in dem ich hätte leben können.

130 Unter der Pelmo-Nordwand
131 Die Ausstiegsbänder aus der Pelmowand
132 Der Monte Pelmo von Süden
133 Mit Luis Vonmetz, Jörgl Mayer und Jochen Gruber am Gipfel des Pelmo
134 Im Quergang am Pelmo-Südostpfeiler

133   134

Fischleintal

Die spektakulärsten Berge der Sextener Dolomiten sind zwar die Drei Zinnen, aber mein Bruder Günther und ich sind mit dem Motorroller auch gern ins Fischleintal gefahren. Die klassischen Nordwände des Zwölferkofels, des Einserkofels waren für uns nicht weniger interessant als die Nordwände der Zinnen.

137

139

Was uns immer besonders amüsiert hat, ist die Tatsache, daß die Bauern hier in den östlichen Dolomiten ihre Berge als natürliche Sonnenuhr benützt und entsprechend genannt haben. Zehner, Elfer, Zwölfer . . .

136 Mein Bruder und ich auf Vaters altem Motorroller
137 Die Nordwand des Zwölferkofels
138 Im festen Dolomitfels
139 Der Einser von Norden
140 Die Sextener Dolomiten vom Fischleintal aus gesehen

138

54

Mugoni

Die Mugonispitze, ein klotziger, versteckter Berg im Südosten der Rosengartengruppe, habe ich relativ spät erst entdeckt: 1965. Doch dann bin ich immer wieder gekommen, um die bekannten schweren Routen zu klettern. Die berühmte Verschneidung von Hans Vinatzer, die De Francesch-Führe, die Eisenstecken-Route und später einige andere mehr. Irgendwo dazwischen ist mir eine Erstbegehung mit Heini Holzer geglückt.

144

142 Technische Finessen, langsam gelernt
143 In der De Francesch-Route
144 Die Mugoni-Südostwand. An der großen Verschneidung verläuft die Eisensteckenführe.

145 In der De Francesch-Route
146, 147 In der Vinatzer-Verschneidung

142

Die technische Kletterei in dieser Wand ließ mich damals folgende Betrachtungen in mein Tourenbuch schreiben:

143

Es gibt 2 Arten des Kletterns:

1. Die Anpassung des Berges an den Menschen.
Hakenkletterei, Eiskletterei, Via Ferrata.
2. Die Anpassung des Menschen an den Berg
und das erreicht man mit Training, Mut, Können.

56

145

146

147

Erstmals Westalpen

148 Bernina: Piz Bernina, Piz Scerscen, Piz Rosegg
149 Beim Lauftraining
150 Klettertraining an der Wand einer alten Sägemühle
151 Die Nordwand der Courtes im Montblanc-Massiv
152 Triolet-Nordwand

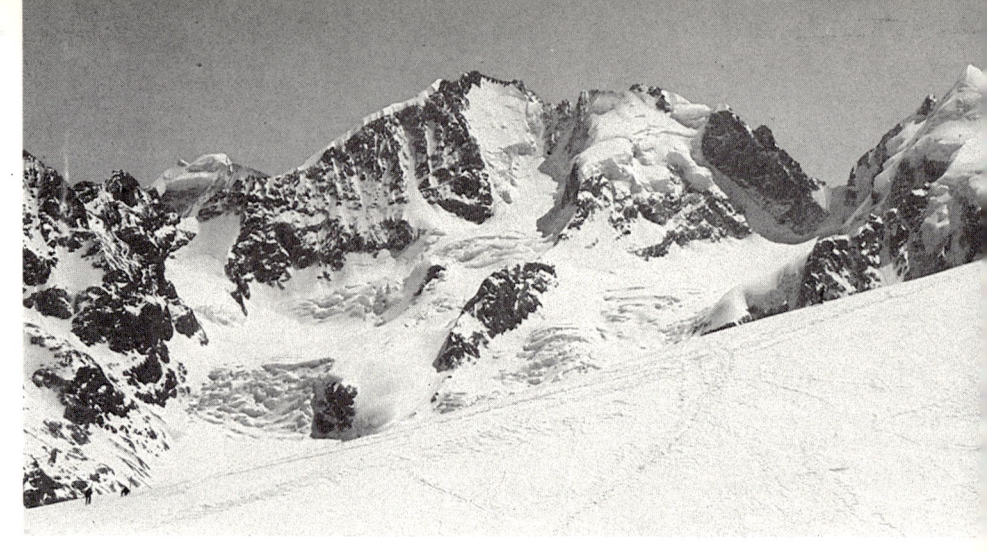

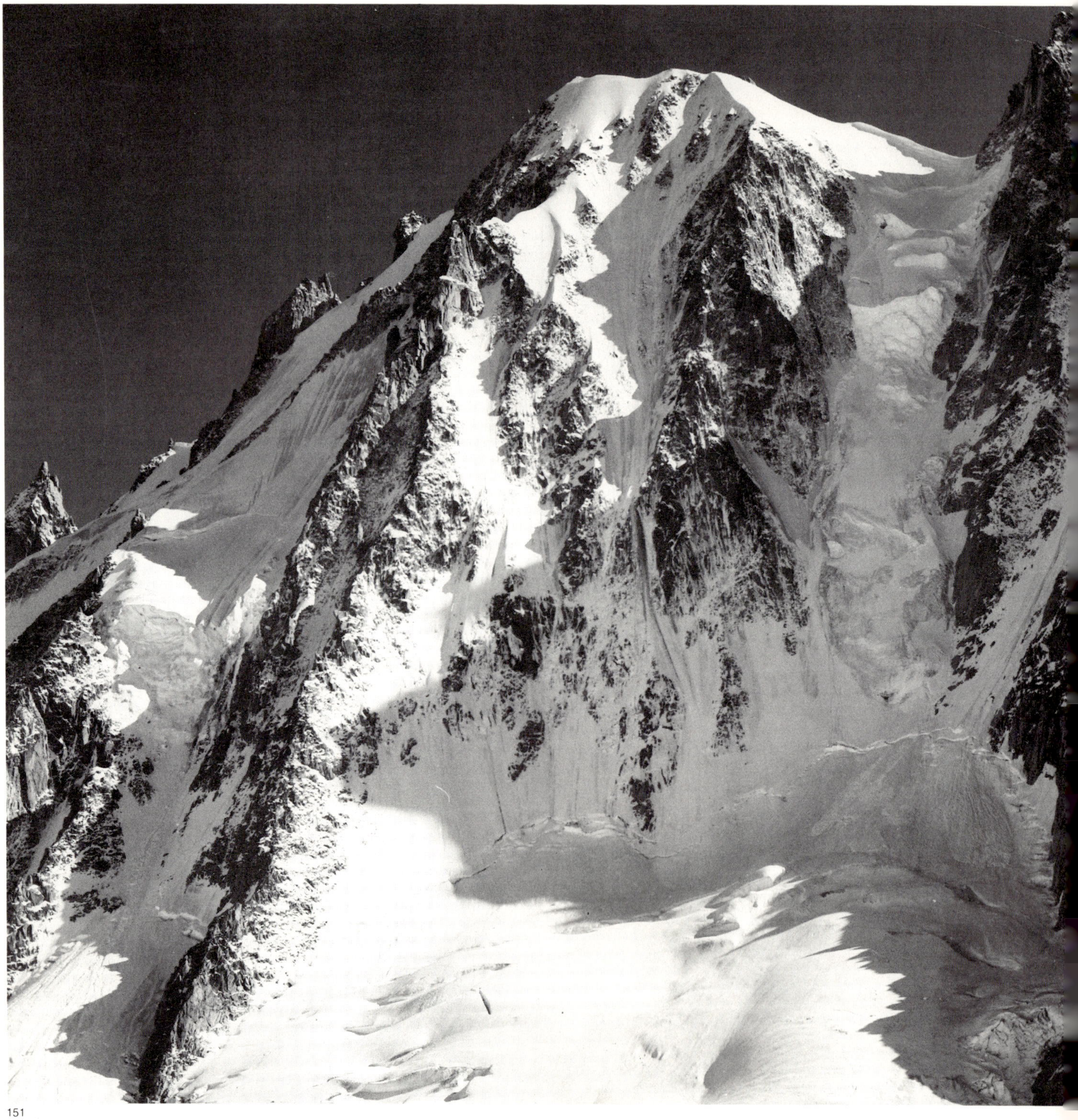

151

Nach ausgedehntem Dauerlauf- und Klettertraining fuhr ich mit Günther 1965 zum erstenmal in die Westalpen. Es gelangen uns: eine Wiederholung an der direkten Nordwand der Courtes und die vierte Wiederholung an der direkten Nordwand der Triolet. Beide Male stiegen wir über die Nordwände auch wieder ab, einmal über eine neue, einmal über eine klassische Route.

Im selben Sommer wiederholte ich einige klassische Touren in der Berninagruppe: Piz-Rosegg-Ostwand, Überschreitung der Bernina, Piz Scerscen über die Eisnase.

148   149   150

152

1966 Civetta

1966 war ich abermals in der Civetta unterwegs: diesmal mit Heini Holzer. Wir waren in Hochform und es gelangen uns die schwierigsten und längsten Touren: eine frühe Wiederholung der Philipp-Flamm-Route, die Aste-Susatti, die Cima-Bancon-Ostwand. Innerhalb von zwei Wochen durchstiegen wir zwölf der ganz großen Civetta- und Pelmo-Wände. Dabei glückten uns sogar zwei Erstbegehungen und die zweite Durchsteigung der Plattenwand am Torre d'Alleghe, die heute mit dem 7. Schwierigkeitsgrad bewertet wird.

Bergsteigerisch gesehen waren das wohl die erfolgreichsten Wochen meiner Kletterlaufbahn überhaupt, obwohl ich erst 21 Jahre alt war.

153

153 Unser Zeltlager in der Civetta
154 Die Civetta-Nordwestwand zwischen Torre d'Alleghe und Cima Su Alto
155 Unser Zelt am Coldai-See in der Civetta
156 Gipfelaufbau der Civetta-Nordwestwand
157 Das dritte Viertel der Philipp-Flamm-Route
158 Die Schlüssel-Seillängen in der Philipp-Flamm-Führe
159 Ich habe den Ausstieg aus den Platten am Torre d'Alleghe erreicht

156

154

155

157

158

159

Neunerspitze

In der Mitte der sechziger Jahre entdeckten wir eine fast unwirklich anmutende, karstige Felslandschaft: die Fanes. In die Plattenflucht der Neunerspitze-Südwand habe ich mich regelrecht verliebt. Ohne Zweifel bietet sie die schönste und genußvollste Plattenkletterei der gesamten Dolomiten. Zügiges, rhythmisches, ästhetisches Klettern führt zu einem harmonischen Körpergefühl – wie beim Ballett.

161

160 Die Südwand der Neunerspitze
161 In der Neunerspitze-Südwand
162 Die Zehnerspitze in der Fanes
163 Bei der Erstbegehung der Direkten in der Neunerspitze-Südwand
164 In der Neunerspitze-Südwand
165 u. 166 Neunerspitze-Südwand: eine unserer Erstbegehungen

160

163

164

165

166

162

Tofana

GIPFELMEER

Da liegst Du in weitem Kreis um mich,
und feiner Schleier hockt an deinem
ewigen Rand.
Das Bild ist überall gleich und nirgends
ein Anfang –
wo ist dein Ende?
Blitzende Eisriesen, bleiche Riffe
aus Kalk,
wuchtige Pfeiler aus dunklem Granit,
sonst nichts auf der Welt.

Ein Berg hebt sich jetzt ab, er hat mich
vom Tal geholt,
ich bin wie ein Kind, das ihn sieht
und danach verlangt.

Im Tal hab ich Abschied genommen
und wand're oben weiter,
weiter von Gipfel zu Gipfel,
und die Sehnsucht ist größer geworden
mit jedem Schritt,
und die Welt unten stirbt.

Jeder Gipfel ist mir Glied einer Kette,
jeder zeigt einen neuen mir
und was der eine mir zuruft, hat ein
anderer
lange vor ihm schon gesagt.

So steige ich hinein in dich Gipfelmeer,
ich nehme den Gipfel in mir, nein, den
ganzen Berg,
und trag ihn mit mir, immer mit mir,
ein ganzes Leben lang.

Ich habe mich losgerissen von dem
Unten, bin verstrickt in das Oben,
ich suche in dir, Gipfelmeer,
Bestimmtes nicht und Unbestimmtes,
nur Geahntes vielleicht, in zwecklosem
Spiel, ich,
gekettet an dich, Gipfelkette,
ich kann nicht mehr los.

Dort wirft die gelbe Nordwand
Schatten ins Kar,
düster blickt sie,
doch sagt sie mir, wie es war,
damals im brüchigen Riß, im Sturm,
am Gipfelgrat,
wo ich glücklich war, im Traum –
in der Tat.

Flut ist um mich –
ich habe getrunken aus dir, Gipfelmeer,
ich schlürfe weiter, ich dürste,
ich suche nach Wegen –
dann ruhe ich
mitten in dir.

Immer wieder haben wir zu den verführerischen Wänden der Tofana geschielt, wenn wir in den Cinque Torri trainierten. Inzwischen habe ich dort die wichtigsten Touren gemacht. Die klassische Südwand, den berühmten Pfeiler, die Tissi, die brüchige Freikletterei am rechten Pfeiler . . .

167 Die Südwand der Tofana
168 Tofana von Süden mit dem Pfeiler
169 Der obere Teil der Tissi-Route
170 In der Tissi-Route an der Tofana
171 Standplatz bei der Kletterei in der Tissi-Route

Presanella

Ebenso wie im Fels machten wir uns auch im Eis an die ganz extremen Touren. So fuhren wir zum Tonale-Paß und durchstiegen den rechten Hängegletscher an der Presanella, der teilweise senkrecht ist, als eine der ersten Seilschaften und kletterten dann über die klassische Nordwand ab. Diese Überschreitungen, das Kombinieren von zwei schweren Eistouren in einem, wurde zu einer meiner liebsten Spielereien in den sechziger Jahren. In dieser Zeit haben sich die Kameradschaftsgefühle zu meinen Kletterpartnern Heindl Messner, Paul Kantioler, Sepp Mayerl und Heini Holzer mehr und mehr vertieft. Günther war mehr — er war mein Bruder.

Jeder besitzt, ohne es vielleicht zu wissen, ein Gefühl für Kameradschaft, für Ehre. Die Bergbücher sind voll davon. Ein veralteter, schrulliger Begriff? Vielleicht. Vielleicht nur zu abgegriffen, zu gedehnt.
Der eine, der die hehre Bergkameradschaft auf seinen Buchtitel setzt und dem dieser Begriff geläufig sein müßte, besitzt das Gefühl nicht; ein anderer scheut das Wort und besitzt das Gefühl.

172 Im Hängegletscher an der Presanella-Nordwand
173 Blick aus der Presanella-Nordwand ins Tal
174 Senkrechtes Eis in der Presanella-Nordwand
175 Die Nordwand der Presanella

173

174

175

Rocchetta Alta di Bosconero

»Ein klassischer Weg zwischen Dächern« habe ich 1966 unsere Zweitbegehung der Nordwand der Rocchetta Alta im Südosten der Dolomiten genannt. Die Erstbegeher hatten für diese Sechsertour 5 Tage gebraucht und von ihren 120 Haken 55 in der Wand zurückgelassen. So konnten Sepp Mayerl, Heini Holzer, Günther und ich sie in der Zeit von 13 Stunden durchsteigen. Wer weiß, ob wir das geschafft hätten, wenn uns Heini nicht mit Brennesseln um drei Uhr morgens aus der Biwakschachtel getrieben hätte. Beim großen Quergang unterm Dach stritten Heini und ich wie Kinder, wer vorausklettern darf. Sepp löste den Konflikt, indem er elegant an uns vorbeiturnte und die Führung übernahm.

Ich war von dieser mit Dächern und Überhängen gespickten Tour damals so begeistert, daß ich in meinem Tourenbuch unter eine Rocchetta-Postkarte ›Die Entdeckung des Vollkommenen‹ schrieb.

Ein Jahr später wiederholte ich mit Günther die Strobelkante rechts der Nordwand.

176 Die Nordwand der Rocchetta Alta di Bosconero
177 Blick aus der Wand
178 Sichern in der Wand
179 Ich klettere im Mittelteil der Wand
180 Im Dachquergang

176

177

178

179

180

Auf und ab

181

Viele der großen Eiswände der Zillertaler Alpen habe ich mehrmals gemacht. Immer wieder zogen uns die schimmernden Eiswände magisch an und verführten uns zu Verrücktheiten wie jener, die ich im Tourenbuch »Genußtour nach kalter Biwaknacht« nannte:

Wienerhütte ist überfüllt; Biwak unterm Gipfel; Einstieg in die Nordwand am Gipfel um 3 Uhr früh; Abstieg der Wand in drei Stunden und Aufstieg in einer Stunde mit Sicherungshaken bei jeder Seillänge.

Darunter habe ich noch geschrieben:

Wir steigen ab, um wieder aufsteigen zu können. Es lockt nicht die Tiefe, sondern der Berg.

Die Nordwände von Gries- und Hochferner habe ich mehrmals geschafft und 1966 gelang mir der Aufstieg über die Griesferner-Nordwand mit anschließendem direkten Abstieg über die Hochferner-Nordwand, die ich inzwischen schon fast auswendig kannte.

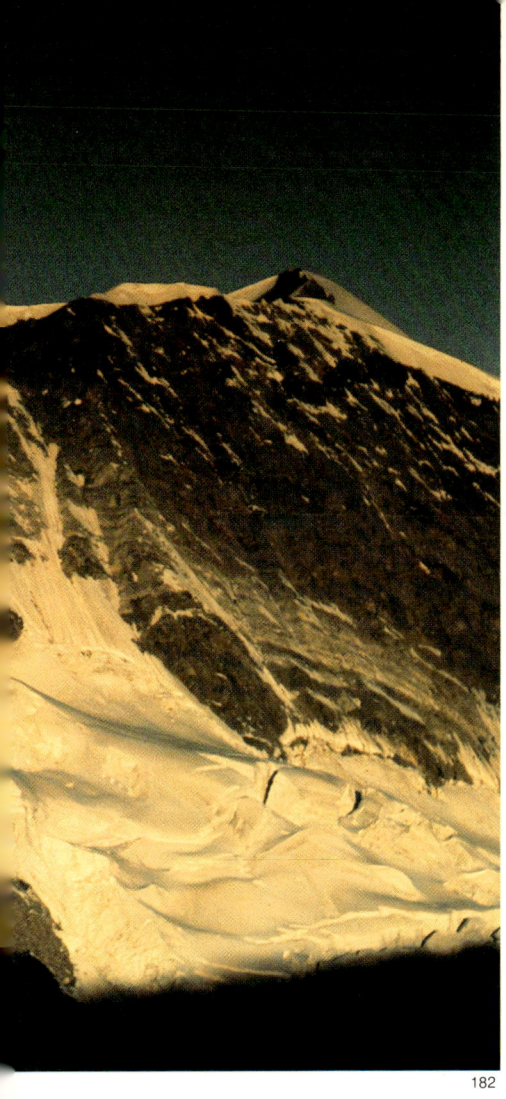

182

183

181 Hochfeiler-Nordwand
182 Griesferner (links) und Hochferner-Hänge-
gletscher (Mitte)
183 In den Eisséracs der Griesferner-Nordwand
184 Die Biwakschachtel am Fuße der Hochferner-Nordwand

184

Hochgall, Wildgall

ausgenagelt! Wir suchen oft nach der Route! — Kasnapoff).
Genusskletterei.

Hochgall – Nordwand – Direttissima.

Gletschertour nach gründlicher Durchsuchung.

NW-Grat.

Übernachtung auf einer Almhütte unterhalb der Hochgallhütte.

185

Meist früh im Jahr, bevor die Kletter-touren in den Dolomiten beginnen konn-ten, weil noch Schnee in den großen Wänden lag, gingen wir einige Eis-wände. Der Hochgall gehörte dazu, aber auch die klassischen Grate am Wildgall in den Zentralalpen.

Es stimmt, ich machte es mir einfach. Die Gipfel waren oben. Indem ich Woche für Woche in die Berge hinauf-stieg, wurde ich immun gegen Zwei-deutigkeiten und Kompromisse. Un-entschlossenheit war mir zuwider. Ich bewunderte und suchte Geradlinigkeit. Die Einsamkeit, die tagelange Stille, der Himmel schützten mich vor den vielen Unsicherheiten und Unverbindlichkei-ten der menschlichen Gesellschaft. Ich sah die Welt in Horizontalen und Verti-kalen und war im Gleichgewicht.

187

189

186

188

185 Der Hochgall
186 Der Wildgall
187 In der Hochgall-Nordwand
188 Aufstieg in der Hochgall-Nordwand
189 Unter der Nordwand des Hochgall

Grandes Jorasses – Walkerpfeiler

Die »drei großen Wände der Alpen« – Eiger-Nordwand, Matterhorn-Nordwand und der Walkerpfeiler an den Grandes Jorasses – gehören bis heute zu den begehrtesten Zielen des extremen Alpenbergsteigers. Seit ich den Walkerpfeiler 1965 bei meiner ersten Westalpenfahrt zum erstenmal gesehen hatte, ging er mir nicht mehr aus dem Sinn. Im September 1966 habe ich ihn dann mit Peter Habeler, Sepp Mayerl und Fritz Zambra unter denkbar ungünstigen Bedingungen bestiegen. Der ganze Pfeiler war vereist.

Am großen Pfeiler

Ringsum steilen die Gipfel; wohin?
Dumpf spricht der zerrissene Gletscher;
was?
Sonnenlicht strömt über die Grate;
wieviel?
Vier Erstaunende sehen ihr Ziel . . .
Erstaunende.

Die letzte Sonnenspur verglüht in der
Gipfelwächte,
Nacht quillt aus den Spalten und Tälern,
kalt steht das Urgebirge . . .
Vier Bangende ahnen den Pfeiler.

Der Pfeiler schläft, der Traum erwacht
das Dunkel hat das Feuer ausgemacht
das Feuer, das die Vier hierhergebracht.
Vier Schlafende sehen den Pfeiler

Der Morgen kommt, der Kampf beginnt
Die Sonne steigt, alles steigt – hinauf
Schnee, Eis und Steine nur stürzen –
herab
Vier Kämpfende raufen hinauf –
am Pfeiler

190 Anmarsch zum Einstieg des Walkerpfeilers
191 Die Nordwand der Grandes Jorasses
192 Am Gipfel der Grandes Jorasses
193 In der Mitte des Pfeilers fanden wir endlich
 festen, trockenen Fels vor
194 Die Ausstiegsseillängen am Walkerpfeiler

Die Nacht fällt ein, alles schweigt
die Sterne zittern, der Mond erwacht
keiner schläft – um Mitternacht
Vier Frierende am Pfeiler

Feste Granitplatten und vereiste Risse
Gedanken ans Ende und Angst
verschwinden in der Tiefe,
bleiben zurück
Vier Steigende am Pfeiler

Taumel in Schnee und Eis
Taumel in Freude und Glück
Vier in der Abendsonne sind ein Stück:
FREUNDE. –
Vier steigen ins Tal zurück.

(Aus meinem Tourenbuch von damals)

Extrem

In der Mitte der sechziger Jahre war ich ein reiner Extremkletterer. Die Höhe der Berge interessierte mich nicht, das Wandern war mir langweilig, weil mir zur Beschaulichkeit die innere Ruhe fehlte. Mich interessierte nur eins: ich war vernarrt in die senkrechten Wände. Es gab Wände, in die ich so verschossen war wie meine gleichaltrigen Zeitgenossen in Mädchen, und Mädchen spielten in meinem Leben kaum eine Rolle. Ich empfand sie damals als Hinderungsgrund für harte Erlebnisse in kühnen Wänden. Ich hatte nur eine große Liebe: die Senkrechte, und wahrscheinlich tobte ich an ihr alle Gefühle aus, die angehende Männer sonst in mehr oder weniger dramatische Liebesgeschichten investieren.

Ich hatte damals eine sehr klare Vorstellung von dem, was ich erreichen wollte: ich wollte einmalig sein! Ich plante meine ersten großen Erstbegehungen, eine Zweitbegehung war mir lieber als eine Drittbegehung. Mein intensivstes Anliegen war es, immer besser zu werden, immer kühner zu werden im Freiklettern. Und irgendwo in meinem Hinterkopf gab es sicherlich unbestimmt den Wunsch, so gut im Freiklettern zu werden, daß meine Erstbegehungen niemand wiederholen könne. Heute weiß ich, daß es immer ein »Besser« und eine Weiterentwicklung gibt, daß auch der Stärkste eines Tages übertroffen wird, aber mit solchen Gedanken hielt ich mich damals nicht auf.

Wenn ich in dieser Zeit eine steile Wand sah — so hat es ein Freund einmal aus-

gedrückt – war ich wie ein wildes Tier. Ich hatte Erfahrung, ich hatte Kraft, ich trainierte systematisch und ich versuchte mich geistig auf die psychische Belastung bei großen Touren vorzubereiten, die ich allein bewältigen wollte. Alles andere interessierte mich nur am Rande. Ich fiel durchs Abitur, weil ich ständig kletterte, anstatt zu lernen. Ich holte die Prüfungen ein Jahr später erfolgreich nach, aber nur, um mit ziemlich gemischten Gefühlen mein Ingenieurstudium in Padua zu beginnen. Als Student, so hoffte ich, würde ich viel Zeit zum Bergsteigen haben.

Damals verfaßte ich bereits zahlreiche Artikel über's Bergsteigen. Es machte mir Spaß, stilistische Grundsatzdiskussionen zu führen, ich schrieb mit Begeisterung Polemiken, denn ich war inzwischen ein enthusiastischer Befürworter der Freikletterei. Es ging mir immer mehr um das faire Klettern ohne technische Hilfsmittel, mit denen man sich über nicht mehr kletterbare Schwierigkeiten hinwegmogeln konnte. Ich stellte meinen ersten Lichtbildervortrag zusammen und nannte ihn: »Von der Überwindung des Abgrundes«. Meine besorgten Eltern schrieben mir an Silvester 1966 für 1967 einen geradezu rührenden Spruch auf die letzte Seite meines prall gefüllten Tourenbuchs:

Dem einen ist der Berg Idol,
dem andern aber nur Symbol
für den Weg durch's Leben.
Wer in der Wand als Mensch besteht,
dem bleibt's Erlebnis ein Komet,
Mut und Kraft zu geben
für Kampf und Pflicht des Alltags,
zu des Daseins Sinnerfüllung
als Mensch und Christ.
– Möge das Jahr 1967
Dich die einzig richtige Route
(die alleinige wahrhaftige Erst-
begehung) finden lassen
aus dem Labyrinth von Irr-, Um- und
Abwegen
Deiner selbst!
Den Weg aufwärts
zu Wahrheit und Klarheit,
zu einem sinnvollen
guten und edlen Ziel!
Deine um Dich besorgten Eltern

Ich aber schrieb ein paar Seiten weiter über das Bergsteigen:

Und so ist alles nur ein Weg . . . ein Weg ohne Ziel; ein Weg, der selbst sein Ziel ist . . . jedoch unsere tiefe Tragik ist ja erst: daß wir wandern müssen und daß wir ohne Rast nicht leben können.

Trotz meiner ehrgeizigen Ambitionen habe ich schon damals mehr beim Bergsteigen gesucht als Hochleistung. Von Kind an habe ich instinktiv mein Tun in den Bergen als Gleichnis für meinen Seelenzustand betrachtet. Im Lauf der Jahre aber erst ist dieser Zustand in mein Bewußtsein vorgedrungen und »bewußt« von mir weiterentwickelt worden. In der Zeitspanne zwischen 1965 und 1970 gelangen mir einige hundert extrem schwieriger Routen, an die 50 Erstbegehungen und alles in allem habe ich in dieser Zeit wohl an die 1000 Berggipfel bestiegen.

Hier in diesem Kapitel kann ich nur die allerwichtigsten zusammenfassen, die größten Touren dokumentieren. In erster Linie geht es mir darum, Gebiete und Möglichkeiten so vorzustellen, daß auch ein Laie Eindrücke bekommen kann oder zumindest in der Lage ist, ein bißchen an meiner Sturm- und Drangzeit teilzuhaben.

195, 196 Im Dach der Schubert-Führe am Spiz delle Roé di Ciampedié
197 Schlüsselstelle in der Cima Scotoni
198 Freie Kletterei war mir lieber
199 Scotoni-Südostwand
200 Kaminkletterei
201 Langkofel-Nord, 1. Begehung 1969
202, 203, 204 Scotoni-Südostwand
205 Rast in der Scotoni-Wand

204

205

Sturm und Drang

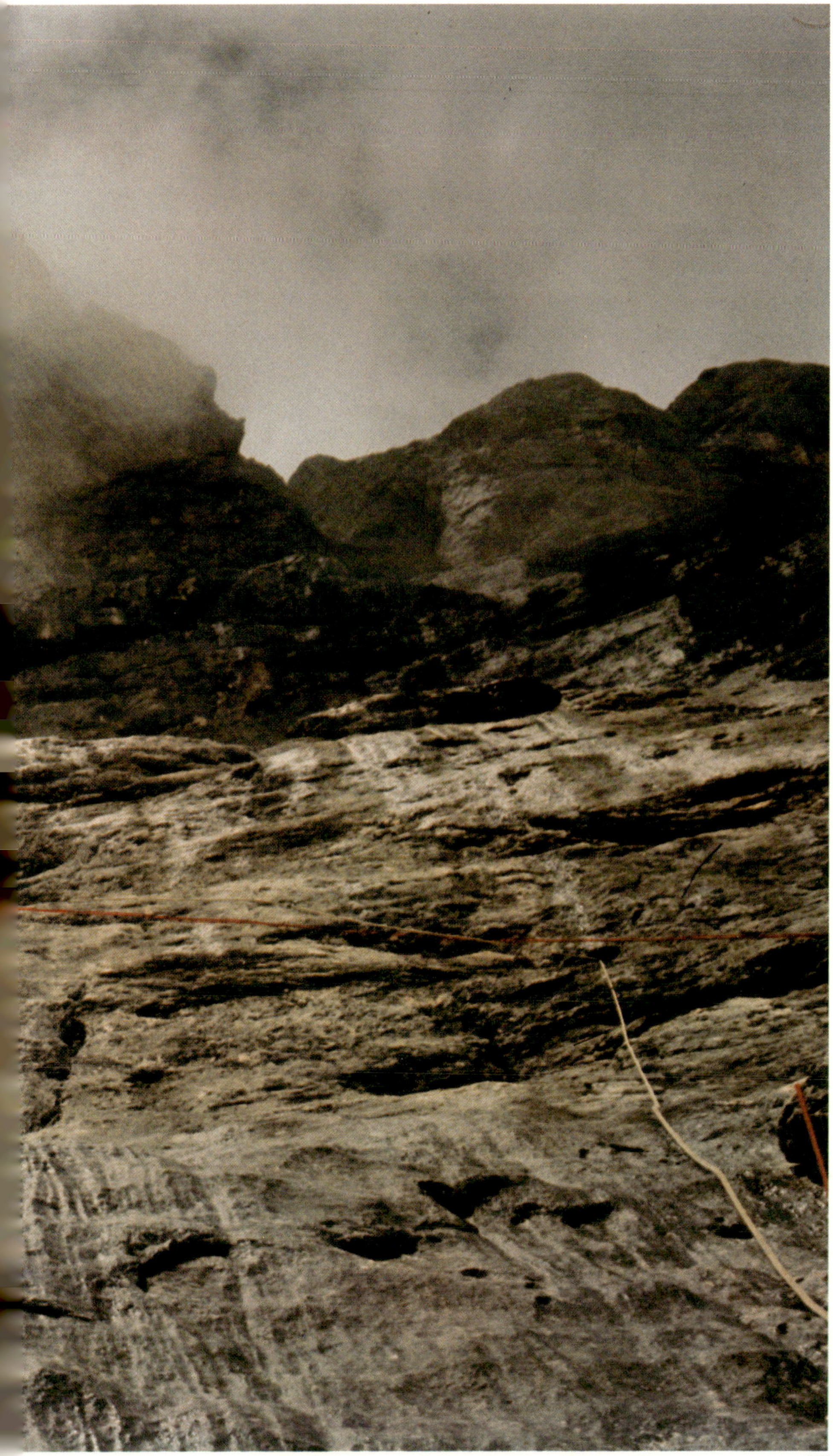

206

207

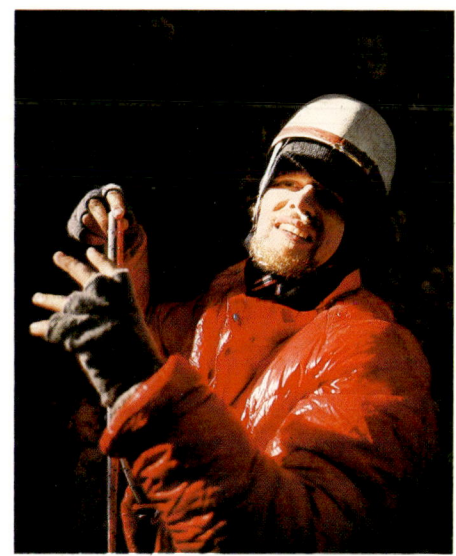

206 Als Seilerster bei der Zweitbegehung in der Via dell'Ideale an der Marmolata d'Ombretta – eine der schwersten Klettertouren in den Dolomiten

207 Vor dem Biwak

Skilaufschwung erreicht. Die Sonne schickt ihre letzten Strahlen über die Civetta. Aus dem Schnee graben wir ein tiefes Loch und werfen Latschen-Zweige hinein. Streu. Dann legen wir uns schlafen. Wie im Eisschrank komme ich mir vor.

Und dann flimmern die ersten Sterne. Unser Wagen unten an der Straße ist weg. Die Nacht bringt dunkle Angst. Wir werden langsam lahm und steif in unserer Schneegrube. Jeder sagt zum anderen: „Morgen kommt der Sepp ..." „Morgen kommen wir weit hinauf." So steigen wir jetzt in Gedanken in den Himmel hinein; in den Morgen hinein, an der Kante höher.

Später leuchten Lichter im Dorf. Da unten muß es also etwas geben.

Über den Bergen im Osten liegt rötlicher Schimmer. Später verschwinden die Sterne. Es kommt also der Morgen, endlich.

Noch ist es kalt, zu kalt.

Inzwischen ist es Tag geworden – der 12. Februar. Wir brauchen nicht zu erwachen. Wir stehen auf. Ein Schluck aus dem körperwarmen Sanddorngemisch. Das Dorf ist fern. Wo ist der Sepp? Wo wird er sein?

Die Rucksäcke sind voll, übervoll. Und der Tag ist klar und nahe. Wir müssen weiter.

Da, eine Stimme! Ein Rufen! Vier Augen suchen, schaun. Langsam steigt er höher – über unsere Spur. Er bringt den Kocher, er ist da, bald.

Wir warten. Er dampft. Dann steht er neben uns und kocht Tee.

Gestern noch konnte er in Agordo einen Gas-kocher besorgen – es war der letzte im Laden. Dann hat er in Taibon – in der Locanda al Sass – genächtigt. Heute ist er aufgestiegen, mit Stirnlampe über m Vorbau.

Jetzt ist er da. Unsere Sicherheit. Unsere Rettung. Heißer Tee!

Der Mut ist wieder da. Wir sind zu dritt; wir haben den Kocher.

Nach einigen Seillängen stoßen wir auf einen Überhang – der erste den wir heute treffen. Das geht in die Arme!

Wir steigen nun über die beiden großen Latschen-felder. Es liegt viel Schnee hier und er ist ganz pulvrig; kein Grund. Überm zweiten Latschenfeld steigt die Kante steil und abweisend. Es kommt jetzt die Rampe. Klar, die einzige Möglichkeit ist hier die Rampe rechts der Kantenschneide.

Das Los fällt auf mich. Ich darf den Rucksack abgeben und führen. Viele Seillängen ist sie lang, die Rampe; zum Teil vereist. Oben finde ich den (Rucksack) richtigen Schlupf hinaus auf die Kante. An ihr kommen wir rasch höher. Da treffen uns auch schon die ersten Sonnenstrahlen. Die Sonne; alle drei rufen wir es zugleich und wissen, daß es bald dunkel wird. Wir haben er wenige Minuten lang die wärmende Kugel gepriesen. Jetzt ist sie wieder fort. Unsere Gesichter werden wieder hart.

Nach mehreren Seillängen stehen wir knapp unterm großen Seilaufschwung. Die letzte Biwak-möglichkeit heute. Knoll beginnt eine kleine Terrasse einzulegen. Sepp und ich bereiten den vollkommen

1967
Monte Agnèr
im Winter

In die Nordwand des Monte Agnèr fällt monatelang kein Sonnenstrahl; wenigstens im Winter nicht. Sie kennt nur Nacht und Schatten . . .

208

209

210

211

Die Nordwand des Monte Agnèr in der Pala ist die größte klassische Wand in den Dolomiten. Ihre Nordkante war damals sicher eine der kühnsten Routen. Im Februar 1967 bin ich mit meinen Freunden Sepp Mayerl und Heindl Messner nach Taibon gefahren. Bei Temperaturen bis zu 25 Grad unter Null kämpften wir uns mit zwei Biwaks beim Aufstieg und einem beim Abstieg durch die 1500 Meter hohe Kante.

Der Agnèr hatte uns so fasziniert, daß wir bereits im nächsten Winter wiederkamen. Diesmal stand die erste Winterbegehung der Jori-Führe in der Nordwand auf dem Programm. Obwohl viel Neuschnee auf den Platten, Bändern und Rissen lag, gelang sie uns mit zwei Biwaks beim Aufstieg. (1500 m, V)

Und noch ein drittes Mal zog es uns zum Monte Agnèr: Vom 17. bis 18. August 1967 ist mir mit meinem Bruder Günther und mit Heini Holzer in vierzehnstündiger Kletterzeit die erste Durchsteigung der Nordostwand geglückt. (1500 m, V−VI)

212

213

214

208 Verschneiter Fels in der Nordwand des Agnèr
209 Am Einstieg zur Nordwänd
210 Der Monte Agnèr von Norden
211 Am Gipfel des Agnèr
212 In der Nordwand
213 Heindl und ich im Biwak
214 In der Agnèr-Nordwand

Argentière-Nord

215

Angeregt durch eine »Neuland«-Nummer der Bergsteigerzeitschrift »Alpinismus« fuhren Sepp Mayerl, Heini Holzer, Günther und ich im August 1967 in die Westalpen.

Unser Ziel war die Aiguille d'Argentière. An ihrer direkten Nordostwand wollten wir eine Erstbegehung versuchen. Am 6. August hatten wir es geschafft: eine schöne kombinierte Tour in rein klassischem Stil. IV. Grad im Fels, 50° im Eis, 800 Meter Wandhöhe.

Wir hatten einen stattlichen Beitrag zur Erschließung von »Neuland« in den Bergen beigetragen und kehrten stolz in unser völlig verregnetes Zeltlager nach Chamonix zurück.

215 Späte Gipfelstunde
216 Günther im Mittelteil der Wand
217 Die Argentière-Nordwand
218 u. 219 Argentière-Nordwand: Klettern in zwei Seilschaften

216

217

218

219

85

221

222

223

Pala

1967 gelang mir mit Günther in der Pala die Erstbegehung der direkten Nordwand an der Cima della Madonna. Wandhöhe: 300 m, Schwierigkeit: V–VI Zeit: 6 Stunden, Abstieg: Abseilen über den Zott-Kamin

Urteil: ausnehmend schöne Tour, durchgehend schwer, es stecken 6–8 Haken. Alles freie Kletterei, höchstens 10 Zwischenhaken erforderlich.

Außer dieser Tour durchstieg ich die Schleierkante im Lauf der Zeit ein dutzendmal, überschritt den Val di Roda-Kamm und auch den Cimone della Pala. Nur der Gran Pilastro, eine der einfachen, klassischen Touren, ist mir bis heute nicht gelungen, weil mich ein Wettersturz aus der Wand getrieben hat.

224

Freikletterei

Ein Gespräch in der Wand, »u« ist der untere, »o« ist der obere Kletterer:

u: *»Wie geht's?«*
o: *»Geht schon! Immer aufpassen!« . . .*
o: *»Wieviel Meter noch?« . . .*
u: *»Mehr als die Hälfte« . . .*
u: *»Schlag einen Haken!« . . .*
o: *»Hier sind gute Griffe« . . .*
u: *»Noch zehn Meter Seil« . . .*
o: *»Aufpassen!«*
u: *»Schlag einen Haken!«*
o: *»Geht nicht, keine Ritze!« . . .*
u: *»Hast Du Stand? Noch zwei Meter Seil . . .«*
o: *»Verdammt, paß auf!«*

220 Mit Günther in der direkten Nordwand an der Cima della Madonna
221 Pala di San Martino, Val di Roda-Kamm, Cima della Madonna
223 Saß Maor und Cima della Madonna
223 Cimone della Pala
224 Pala di San Martino

87

Solo

Jahrelang habe ich davon geträumt, ebensolange dafür trainiert. Am 1. Oktober 1967 schließlich ist sie mir gelungen: die erste Solo-Begehung einer Sechsertour.

Den Piz de Ciavàzes in der Sella-Gruppe kannte ich damals bereits wie meine Hosentasche. Die meisten Touren im VI. Grad hatte ich dort schon mit Seilpartnern wiederholt, aber ausgerechnet die Soldà-Verschneidung, die als berüchtigte Freiklettertour galt, hatte ich aufgespart. Nun ging ich sie allein, und ich war der erste, der sie allein bezwungen hat.

Erfahrung, Können, eiserner Wille, Selbstvertrauen. Das Alleingehen verlangt höchsten Einsatz und bringt höchste Freuden. Die tiefe Konzentration führt zu einer Art Meditation, man geht auf in dem, was man tut. Es gibt keine Ablenkung und niemals ist das Gefühl für den eigenen Körper, für die kleinsten Details der Umwelt stärker als beim Alleingang. Das Bewußtsein, eine Grenzsituation ohne Hilfe anderer bewältigt zu haben, gibt ein Gefühl der Unabhängigkeit, der Freiheit. Gleichzeitig aber habe ich mir eine neue Art von Abhängigkeit eingehandelt: ich wurde süchtig nach diesen Solotrips, nach dem, was sie in mir auslösten.

Später ging ich am Piz de Ciavàzes auch die Micheluzzi-Führe allein und die Route, die Pit Schubert dort eröffnet hatte.

Alles in allem habe ich wohl über 20 Routen an dieser riesigen Steilflanke geklettert, sogar eine Erstbegehung war dabei.

Steige ich aufs Gerüst,
so ist das morsche Brett schon beseitigt.
Der lockere Ziegel am Dach
fällt mir nicht auf den Kopf.
Für die Bahn, in der ich fahre,
stellen andere die Weichen.
Den Schaden bezahlt die Versicherung.
Sicher und blind
gehe ich durch eine langweilige Welt.
Die Schuld hat
im schlimmsten Falle
ein anderer.

Und wer hat das Leben?

225 In der Via Italia 61
226 Der zentrale Mittelteil der Südflucht am Piz
     de Ciavàzes
227 Sepp Mayerl in der Via Italia 61
228 Günther im Micheluzzi-Quergang

226

227

228

Heiligkreuzkofel

231

232

Es waren diese Sommer, ausgefüllt vom ersten bis zum allerletzten Wochenende, als ich meine bürgerliche Zukunft eintauschte gegen eine handvoll Erstbegehungen, in die ich mich hineingesteigert hatte.

Ich vergaß Universität, Freundin und Nebenberuf; genoß die Freiheiten dessen, der nichts hat, was er verlieren könnte. Der Himalaja war damals noch nicht mein Ziel, Bergsteigen weder Broterwerb noch Spiel.

Einmal aber stand mein älterer Bruder Helmut am Wandfuß und brüllte sich die Seele aus dem Leibe: ich sollte schnellstens abseilen, der Einschreibetermin an der Universität verfiele. Es gab also doch immer jemanden, der sich um meine Karriere kümmerte.

Im September 1967 fuhr ich mit Günther zum erstenmal zum Heiligkreuzkofel, um die überaus schwere, mit VI+ bewertete Route am linken Pfeiler zu wiederholen, die Georges Livanos auf seiner Hochzeitsreise unter oder über den Augen der bangenden Braut als erster durchstiegen hatte. Der Heiligkreuzkofel war damals ziemlich unbekannt, man behauptete, er sei zu brüchig, um dort gut klettern zu können.

Nach der Durchsteigung des Livanospfeilers mit Günther interessierte mich die Wand so sehr, daß ich im Sommer darauf wiederkam. Am 6. und 7. Juli 1968 kletterten wir unsere berüchtigte Erstbegehung am Mittelpfeiler, die allerschwierigste unserer Bergsteigerkarriere überhaupt. Sie wurde ohne Umgehung der Schlüsselstelle bis heute nicht wiederholt und wird von der jungen Klettergeneration mit dem 7., ja sogar mit dom 8. Schwierigkeitsgrad bewertet. Jedenfalls habe ich damals erfahren, was es heißt, sich an der absoluten Sturzgrenze zu bewegen.

Ein Jahr später habe ich am Heiligkreuzkofel noch die Große Mauer durchklettert, die Kostnerführe und einige kleinere Routen am rechten Rand der Wand.

233

234

Cima Scotoni

Eine meiner schönsten der schweren Klettereien habe ich die Südostwand der Cima Scotoni in meinem Tourenbuch genannt, nachdem mir ihre dritte Begehung zusammen mit Sepp Mayerl, Heini Holzer und Renato Reali gelungen ist. Sie galt damals als eine der schwierigsten Freiklettertouren in den Dolomiten. Zweimal sind wir ihretwegen 1967 ins Fanesgebiet gekommen. Das erstemal kehrten wir nach drei Seillängen um, weil wir glaubten, den Schwierigkeiten nicht gewachsen zu sein. Ein Wochenende später haben wir es nochmals versucht und standen nach 12 Stunden schwierigster Kletterei über Dächer, Risse und Verschneidungen am 4. Juni glücklich und erschöpft auf dem Gipfel.

235 u. 236 In der Schlüsselstelle
237 Freikletterei in der Cima Scotoni-Südostwand
238 Tiefblick nach dem ersten Drittel
239 Die Scotoni-Wand
240 Auch am Torre da Lago sind wir geklettert

Schiara

Ganz im Süden der Dolomiten liegt zwischen Piave- und Cordevole-Tal die Schiaragruppe. Gerade wegen ihrer Abgelegenheit und Einsamkeit hat sie mich immer wieder angezogen. Unser erstes Ziel dort war die Südwestwand des Burél im Juni 1968, aber Schnee, Regenschauer und aus der Wand strömende Wasserfälle haben uns vertrieben. So machten wir uns an die Hiebeler-Groß-Führe auf die Schiara, die wir trotz der schlechten Wetterverhältnisse in 3 Stunden bewältigen konnten. Meine Gefährten bei dieser Tour waren Konrad Renzler und mein Bruder Günther, und Renzler ist es auch gewesen, mit dem mir dann im Herbst des selben Jahres die zweite Begehung der Polenführe an der Burél-Südwestwand gelungen ist. 1200 Meter Wandhöhe und Schwierigkeiten von VI+ haben uns insgesamt zwei Tage in der Wand gehalten. Aber auch einen Solotrip habe ich in der Schiara zu verzeichnen: 1969 habe ich die Goedeke-Führe an der Burél-Südwand allein gemacht. Gleichzeitig war es die zweite Begehung der Tour überhaupt.

Seit 1970 gehört die Schiaragruppe zum Dolomiten-Schutzpark und so bin ich auch in späteren Jahren immer wieder besonders gern in diese Abgeschiedenheit zurückgekehrt. Mit guten Schutzhütten und versicherten Klettersteigen versehen, ist diese Gegend besonders Wanderern zu empfehlen, denen die bekannteren Dolomitengegenden zu überlaufen sind.

241   Schiara im Herbst
242   Die Schiara von Süden
243   Aufstieg zur Hütte
244   Bad nach der Tour
245   Mit Stiftenkopf und Kletterhammer
246   Die Felsnadel der Gusella de Vescova

94

242

245

246

95

Via dell'Ideale

Die Via dell'Ideale an der Marmolata d'Ombretta kannten wir schon lange von Berichten her. »Es handelt sich wahrscheinlich um die schwierigste und gefährlichste Felsfahrt der ganzen Alpen«, haben die Erstbegeher Aste und Solina nach 6 Tagen in der Wand geschrieben. Für Heindl Messner, Heini Holzer, Sepp Mayerl und mich war das Grund genug, die 900 Meter lange Route im Juli 1967 zu versuchen. Als wir nach zwei Tagen Kletterei (VI+) und einem katastrophalen Wettersturz auf dem Gipfel standen, hatten wir 32 Seillängen hinter uns, die uns alles abverlangten. Die Erstbegeher hatten nicht zuviel versprochen!

Platten ohne Ende
Überhänge
Biwaknische
Nebel am Morgen
Wilde Quergänge
Wasserfälle
Eiskamine
Dreck
Kälte
Zum Glück kam das Ende
am Abend

248

247

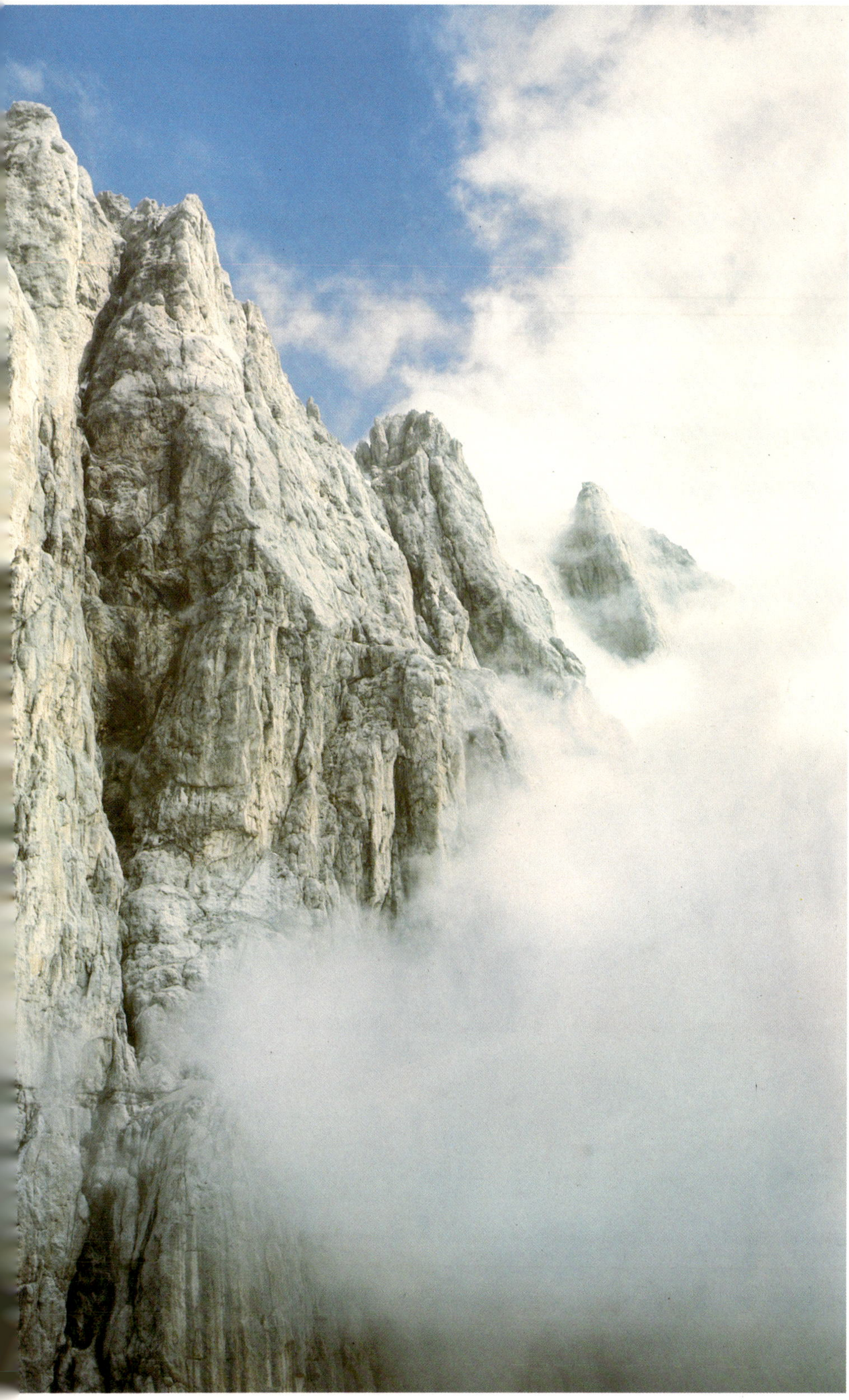

249

250

247 In der Ausstiegswand
248 Marmolata di Penia von Süden
249 In den dreckigen Ausstiegsrissen
250 In den Platten

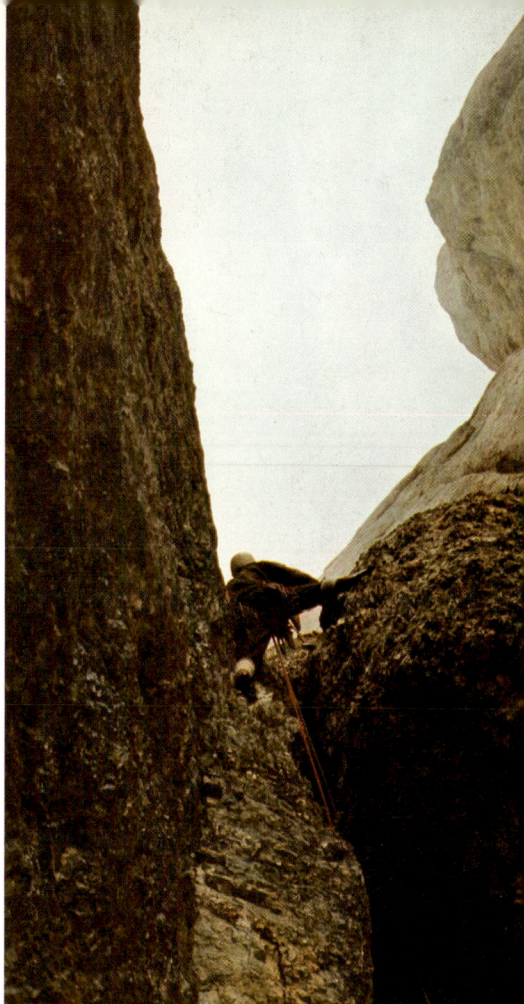

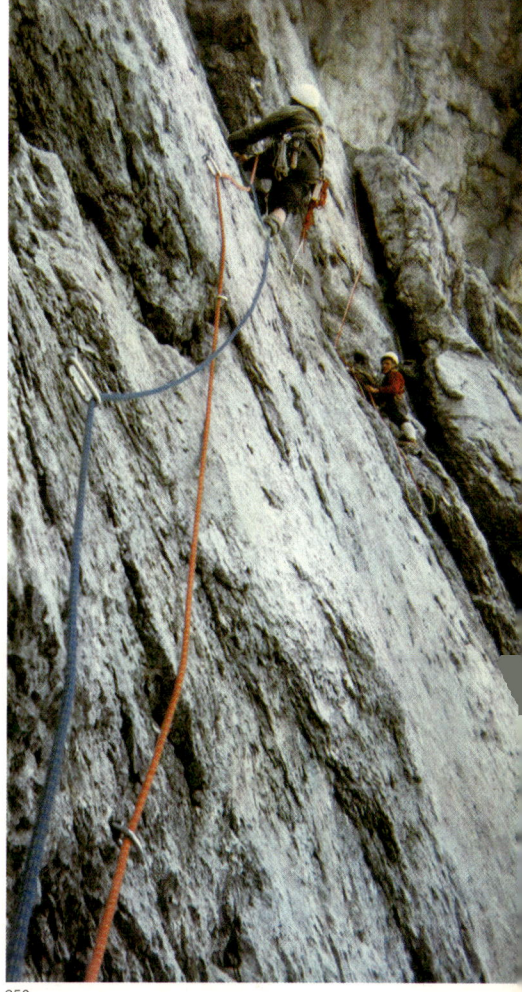

1968 war ich so gut in Form, daß mir eine große Erstbegehung nach der anderen gelang. Auch dabei ging es mir hauptsächlich ums Freiklettern. Eine der schönsten dieser Neutouren ist wohl die in der Marmolata-Südwand, die ich mit Konrad Renzler im August 1968 gemacht habe.

Im Gegensatz zu den schattigen und abweisenden Nordwänden vieler Dolomitenberge hat mir die Südwand der Marmolata immer besonders gefallen. Mehrere Kilometer breit und bis zu 900 Meter hoch, ist sie zwar eine der gewaltigsten, aber auch eine der einladensten. Sonnig, von ebenmäßigen Pfeilern und Rissen geformt, empfinde ich sie als ein von der Natur geschaffenes Kunstwerk. Jahrelang habe ich immer wieder am Ombrettapaß Halt gemacht, um diese Wand zu studieren. Eine gelbe Riesenverschneidung links der Vinatzer-Führe hatte es mir angetan. Den ersten Versuch wollte ich mit Günther machen, aber sturzbachartige Dauerregen vertrieben uns. Ich ließ jedoch nicht locker, fuhr ein paar Wochen später mit Konrad zur Wand. Am Beginn der großen Verschneidung biwakierten wir. Auch in dieser Nacht fiel Regen. Aber wir kamen durch. Klassische, freie Plattenkletterei, die Verschneidung voller origineller Schwierigkeiten. Abends stiegen wir über den verschneiten Westgrat ins Tal. In meinem Hirn war Platz frei geworden für neue Träume. In dieser Zeit war ich unersättlich.

253

254

255

251 Genußkletterei am Beginn der neuen Südwandführe
252 Der Mittelteil der Marmolata-Südwand
253 Höhlenuberhang
254 Die große Verschneidung
255 Die Einstiegsplatten

252

Training

257 Paganella, Spalotto di Fai
258 Heinz Steinkötter
259 Trientiner Voralpen
260 Der Palon della Mare über Trient
261 Sisilla in den Piccole Dolomiti

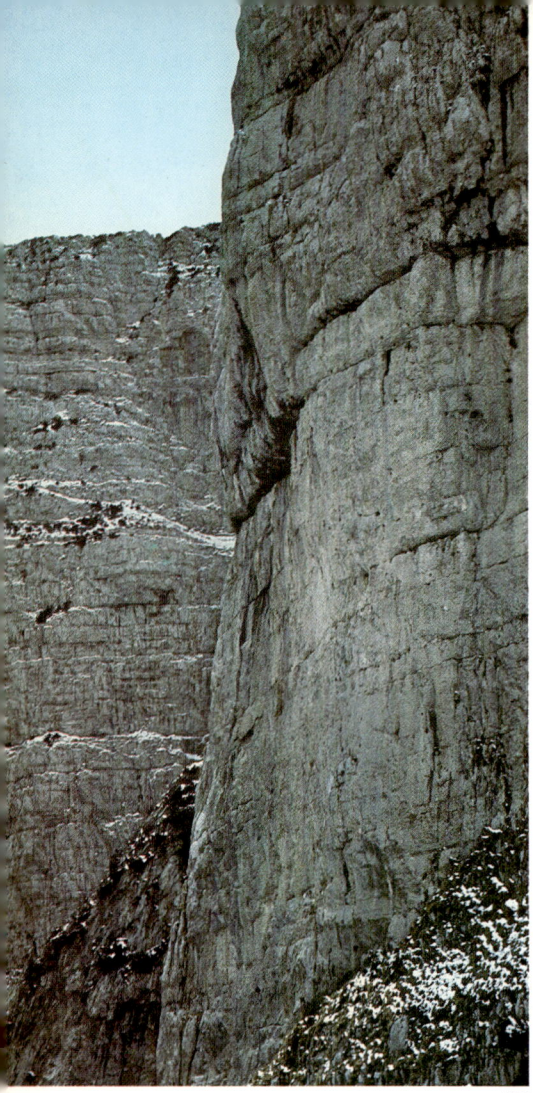

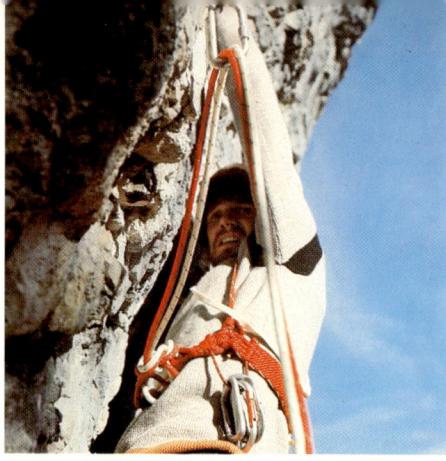

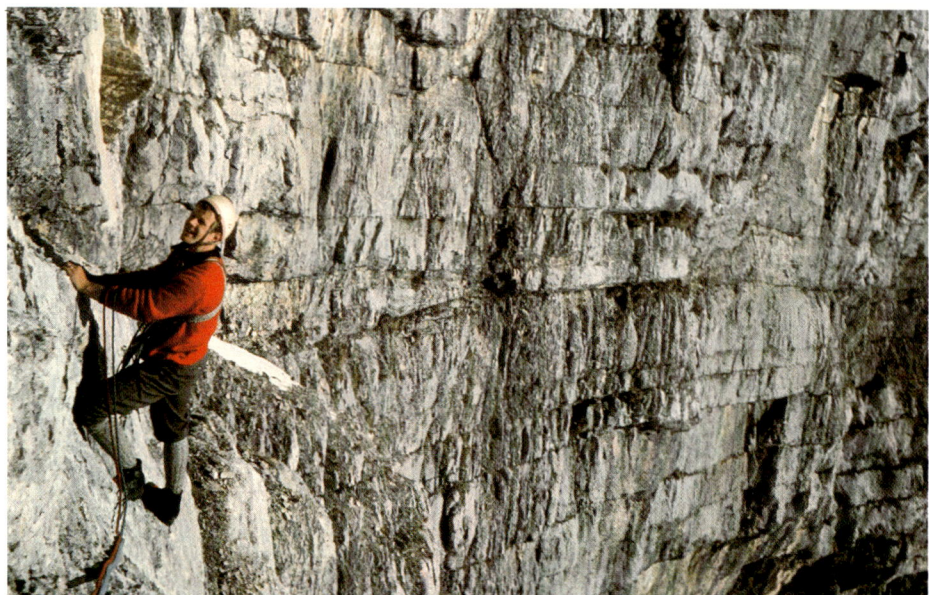

257

258

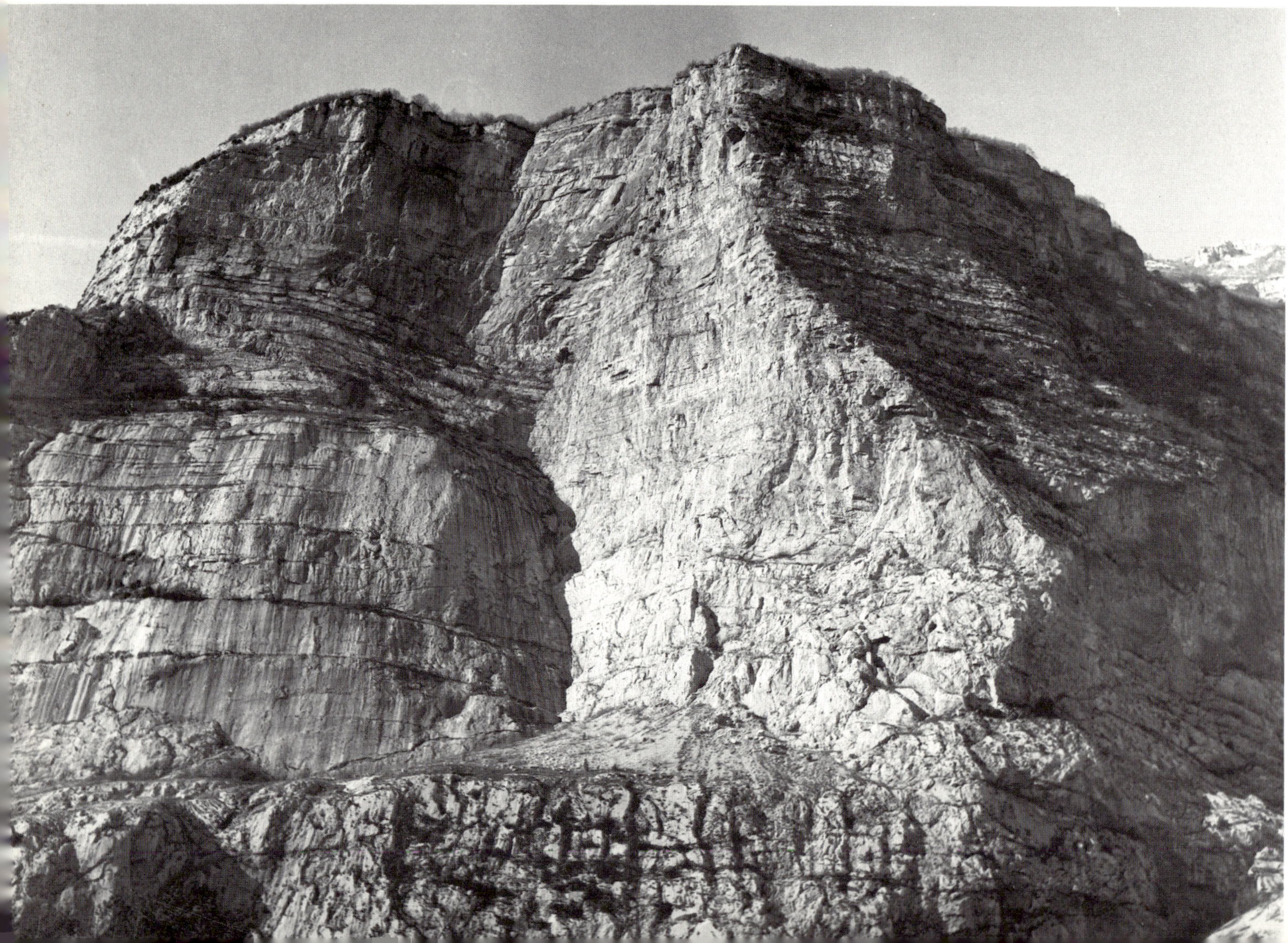

2

Schon vor dem Sommer 1968 habe ich viel an kleinen Wänden trainiert, von da an aber wurde ich systematischer und noch intensiver. Meist habe ich früh im Jahr mit dem Training angefangen, in den Voralpen, in den Trientiner Alpen, in den Piccole Dolomiti, in den Kletter- gärten nahe Padua, wo ich studierte. Auch in diesen Vorbereitungsphasen gelangen mir kleinere Erstbegehungen, zum Beispiel eine 600 Meter hohe Wand über dem Gardasee.

259

61

Langkofel

Obwohl der Langkofel zu den größten Bergen in den Dolomiten gehört, habe ich ihn lange gemieden und zuerst die anderen Gipfel in seinem Massiv bestiegen: Fünffingerspitzer, Grohmannspitze, Zahnkofel. Dann erst beschäftigte ich mich mit ihm mehr und mehr. Allein durchstieg ich seine Nordkante, eine klassische Tour im mittleren Schwierigkeitsgrad. Obwohl die Kante 1100 Meter lang ist, brauchte ich nur eineinhalb Stunden. Ich war selig, ohne Unterbrechung, wie sie beim Gehen in Seilschaft notwendig ist, steigen zu können.

Bis heute habe ich die Nordkante etwa zwanzigmal durchklettert, habe ein paar Erstbegehungen gemacht und alle klassischen Routen mehrmals wiederholt.

262 Günther in der Grohmannspitze-Südwand
263 Günther auf der Grohmannspitze
264 Langkofel von Norden
265 Grohmannspitze, Fünffingerspitze und Langkofel von Süden
266 Zahnkofel, Innenkoflerturm, Grohmannspitze
267 Zahnkofel-Ostwand, erste Begehung
268 Fünffingerspitze von Norden
269 Innerkoflerturm-Südostkante
270 Fünffingerspitze, Grohmannspitze, Zahnkofel von Westen
271 Überschreitung der Fünffingerspitze

266

267

268

269

270

271

Technisch und frei

Nicht in der Schule, wo man überlegen muß, was man sagt und nicht im Theater, wo Ernst gespielt wird, hatten wir gelernt, unserem Geist Kraft zu verleihen. Wir taten es, wo es galt zu überleben. Dann kam die Einladung zu unserer ersten gemeinsamen Achttausender-Expedition. Das Unterwegssein füllte uns so sehr aus, daß wir uns nicht auch noch mit dem Sinn solcher Expeditionen beschäftigten, für die wir uns ja selbst *bestimmt hatten. Und weil wir auf nichts eine Antwort suchten oder wußten, stellten wir auch nichts in Frage.*

1968 löste ich mich ganz vom technischen Klettern. Bis dahin hatte ich sporadisch auch technische Routen durchgeführt wie die Maestri-Führe an der Rotwand der Rosengartenspitze. Ich hatte kleinere Touren an den Sella-

türmen und die Via Italia 1961 durchstiegen und gar nicht ideal gefunden. Auch das Große Dach am Spiz delle Roé de Ciampedie hatten wir technisch durchklettert. Nachdem mir aber die Eisensteckenrouten an der Rotwand gelungen waren und viele der großen Freiklettertouren, wollte ich meine Zeit nicht länger mit Nageltouren vergeuden, weil sie mir ganz einfach keinen Spaß mehr machten. Ich wollte freie Be-

wegungsabläufe und direkten Kontakt mit dem Fels haben.

272 Unterm Dach am Spiz delle Roé de Ciampedié
273 Der Spiz Roé
274 In der Eisensteckenführe
275 Die Rotwand im Rosengarten

274

275

276

1969
Peru

282

1969 begann ein neuer, entscheidender Abschnitt in meiner Bergsteigerlaufbahn: ich wurde von der Tiroler Jubiläumsexpedition des Österreichischen Alpenvereins zur ersten Expedition meines Lebens eingeladen. In größter Eile besorgte ich mir Paß, Impfzeugnis und anderen nötigen Papierkram, baute vor Übermüdung einen Autounfall und dann war es so weit: Wir flogen nach Peru und machten uns auf den Weg in die Cordillera Huayhuash. Dort durchstiegen Peter Habeler und ich am 18. Juni 1969 die 1300 Meter hohe Nordostwand des Yerupaja. Wir stiegen um 2 Uhr nachts in die Wand ein und erreichten den Gipfelgrat um 11 Uhr. Aufgrund unserer Erfahrung, daß Eiswände bis zu 60 Grad Neigung im Abstieg leichter sind als im Aufstieg, kletterten wir die Route noch am selben Tag wieder ab. Die Nordostwand des Yerupaja galt damals als eines der größten, ja unmöglichen Andenprobleme. Wir aber hatten viel Eiserfahrung aus den Alpen und konnten so beweisen, daß es möglich war, diesen Alpenstil im Auf und Ab auch an Sechstausendern zu praktizieren.
Den zweiten Erfolg brachten Sepp Mayerl, mein alter Seilkamerad, und Egon Wurm der Expedition: ihnen gelang die Durchsteigung des schwierigen Südostpfeilers, an dem zuvor Engländer gescheitert waren. Und auch Peter und ich waren nochmals erfolgreich: Wir machten am 23. Juni die Erstbegehung der Südwestflanke am 6221 Meter hohen Yerupaja Chico.
Bei diesem ersten Ausflug in die Berge außerhalb Europas stellte ich übrigens erstaunt fest, wieviele Parallelen es zwischen dem Leben der Indios von Peru und den Südtiroler Bergbauern gab.

276 Wettersturz im unteren Wandteil
277 Yerupaja Grande, Blick auf die Nordostwand
278 Zustieg über den Gletscher
279 Blick auf den Caracocha-See
280 Querung im Eisbruch
281 Am Beginn der Steilwand
282 Im Hochlager
283 Nach der großen Wand

277

278

279

283

280

281

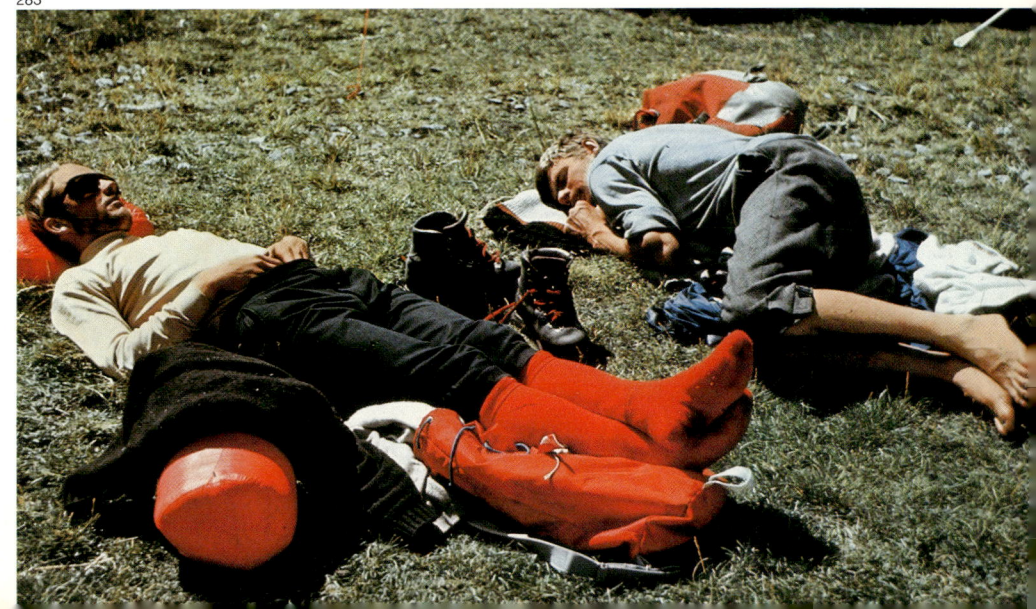

Droites

Bei einem Alleingang im höchsten Schwierigkeitsbereich oder in höchster Höhe gibt es Augenblicke, in denen man nur aufgeben oder blindlings ein Risiko eingehen kann. Genaugenommen kann man bestimmte Routen nur allein klettern, wenn man ein Verrückter oder ein Schlafwandler ist. Ich tat es trotzdem und hörte mir die vielen Vorwürfe von gesetzten Leuten an, die sich ihr Leben im Fernsehen anschauten.

Die ENSA, eine Eliteschule für Bergführer in Chamonix, lud jeden Sommer einige junge Bergsteiger ein, damit sie im Montblanc-Gebiet klettern konnten. 1969 gehörte ich auch dazu, und natürlich brannte ich darauf, mein Können in den großen Eiswänden des Argentière-Beckens zu erproben. Als Erster durchstieg ich die »schwierigste Wand der Westalpen« allein, die Nordwand der Droites.

Außerdem bezwang ich mit dem Österreicher Erich Lackner die Nordwestwand der Droites über den mittleren Wandpfeiler. Wir schafften den äußerst

schwierigen Pfeiler, der uns 800 Meter lang in Atem hielt, in 12 Stunden. Nach der Sektion »Bergland«, einem extremen Kletterclub in Wien, nannten wir unsere Erstbegehung »Berglandpfeiler«.

Ein paar Tage später machte ich eine zweite Erstbegehung. Zusammen mit dem ENSA-Führer Michel Marchal durchstieg ich das 500 Meter hohe Nordcouloir am Domino, das eine Neigung bis zu 65 Grad aufweist. Unvergeßlich ist mir bei dieser Tour, daß Michel wegen der großen Schwierigkeit unablässig die zwei einzigen deutschen Worte vor sich hinsagte, die er kannte: »Große Scheiße«.

284

283a

Alpinismus

CHRONIK

Droites-Berglandpfeiler

Neue Führe durch die Droites-Nordwestwand
über den mittleren Wandpfeiler durch die
„Bergländer" *Erich Lackner* und *Reinhold
Messner* am 25. Juli 1969. Wandhöhe 1000 m;
Pfeilerhöhe 800 m. Schwierigkeiten IV–V.
Kletterzeit 12 Std.   —r—

286

285

283a Domino mit dem Nordcouloir
284 u. 285 Im Berglandpfeiler an den Droites
286 Kletterei an den Droites
287 Die Droites von Norden und Nordosten

287

Mont Blanc

Am Mont Blanc-Massiv gibt es zahlreiche Routen in allen Schwierigkeitsbereichen. Als spektakulärste unter ihnen galt seit 1961 der 800 Meter hohe und mit dem VI. Grad eingestufte Frêneypfeiler an der Südseite. So war es klar, daß Erich Lackner und ich uns unbedingt auch an dieser Tour versuchen wollten.

288

289

Einen Tag nach meiner Durchsteigung der Droites-Nordwestwand stiegen wir zur »La Fourche«-Biwakschachtel auf. Ich schlief kaum, denn ich erinnerte mich, daß sich hier, in diesem Unterschlupf 1961 zufällig eine italienische und eine französische Seilschaft getroffen hatten, die unabhängig voneinander die Erstbegehung des Frêney-Mittelpfeilers geplant hatten. Sie taten sich zusammen und erlebten eine der größten Tragödien in der Besteigungsgeschichte der Alpen. Ein Orkan schauerlichsten Ausmaßes hielt die sieben Männer sechs Tage in der Wand gefangen. Als sie am siebten Tag nach schwierigsten Abseilmanövern am Bergschrund biwakierten, starben vier der entkräfteten Männer. Im selben Jahr jedoch gelang einer englisch-polnischen Seilschaft gemeinsam mit einer franzö-

sisch-italienischen die Erstbesteigung des abgelegenen und schwierigen Pfeilers.

Erich und ich stiegen um 6 Uhr morgens in die Wand ein und standen bei Sonnenuntergang auf dem Gipfel des Mont Blanc. Auch uns hatte der Pfeiler alles abverlangt, was wir an Erfahrung, Mut und Kraft einzusetzen hatten.
Doch es gab noch einen anderen, strapaziösen und extremen Weg auf den höchsten Gipfel Europas: die Überschreitung des Peuterey-Grats, der von der italienischen Seite auf den Berg führt. Ich wollte diese harte Tour im Winter einige Jahre später mit Heini Holzer versuchen. Doch schon nach dem ersten Tag am Grat kehrten wir um, weil wir merkten, daß wir zu langsam vorankamen. Die Verhältnisse waren schlecht,

unsere Chancen wären gering gewesen.

290

291

288 Am Peuterey-Grat
289 Mont Blanc von Osten mit dem Peuterey-
  Grat
290 Am Frêneypfeiler trug ich meine erste Dau-
  nenjacke
291 Aufbruch am frühen Morgen
292 Am Peutereygrat

292

Felsausklang

Langsam wurde mir klar, daß ich tat, was ich tun mußte. Wie es mir gelungen sei, mein Leben zu ändern, ohne zugrunde zu gehen? Wie oft bin ich das inzwischen gefragt worden! Dabei habe ich nur mein mir bestimmtes Leben gelebt. Wenn ich mir einmal eine Ersatzseele zu basteln versucht hatte, dann war es in der Zeit an der Universität und vorher, nicht aber beim Bergsteigen. Ich habe nicht im Alter von 25 Jahren meine Persönlichkeit geändert, sondern ich habe angefangen, etwas nur dann zu tun, wenn es zu mir paßte. Ich bin immer wieder dorthin zurückgekehrt, wo meine Seele sich ausbreiten konnte. Es geht hier nicht darum, alle meine Routen und Erstbegehungen zu schildern, von denen ich die meisten im Jahre 1969 gemacht habe. Was ich hier erzählen will, ist vor allem etwas über meinen langen, bergsteigerischen Entwicklungsweg. 1969 war ich auf dem klettersportlichen Höhepunkt angekommen.

293

294

Am Ende dieses intensiven Klettersommers reiste ich mit meinem Bruder Günther noch in den Wilden Kaiser. Wir durchstiegen die Fleischbank-Ostwand, später die Totenkirchl-Westwand, später noch einige klassische Kaisertouren. Wir kletterten in alter Begeisterung und hatten keine Ahnung, daß mit diesem Sommer einer unserer Lebensabschnitte zu Ende ging. Etwas für uns beide völlig Neues sollte sich auftun: der Himalaja.

293 Die Fleischbank-Ostwand im Wilden Kaiser
294 Totenkirchl-Westwand
295 Im Kaiser-Fels
296 Allein in der Wand
297 Günther füllt unsere Wasserflaschen

295

296

297

298

299

300

301

1970
Rupalflanke

303

304

Reinhold Messner:
WAHRHEIT ÜBER DEN NANGA PARBAT

Reinhold Messner

Reinhold Messner hat ein Buch geschrieben: „Die rote Rakete am Nanga
Parbat". Die Wahrheit über die Ereig-
nisse 1970 am Nanga Parbat enthält
dieses Buch (Rezension von Martin
Hörrmann auf Seite 56 in diesem Heft).
Wir drucken hier Reinhold Messners
einleitende Worte und „Wiedersehen
mit Herrligkoffer" ab. Jedes Kapitel
könnte man abdrucken, jedes ist spannend, eigenwillig. Und jedes gibt Auf-
schlüsse, beleuchtet Hintergründe, die
man bisher auch im engen Bergsteiger-
kreis nicht kannte. Ein Stück dunkler
Himalaya-Geschichte wird durch dieses
Buch aufgehellt. Red.

307/308 Meine Hände und Füße nach der Odys-
see am Nanga Parbat

307

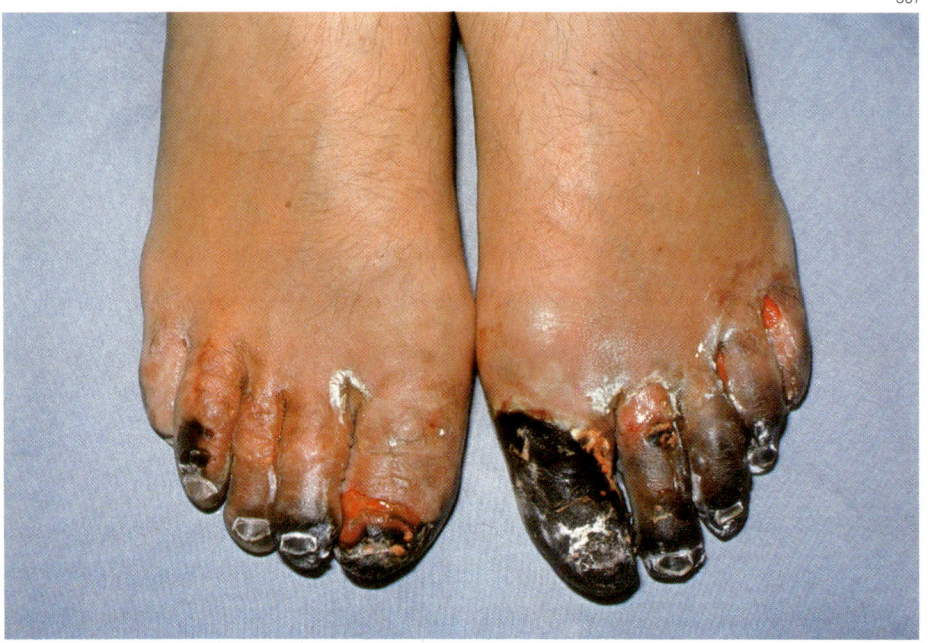

308

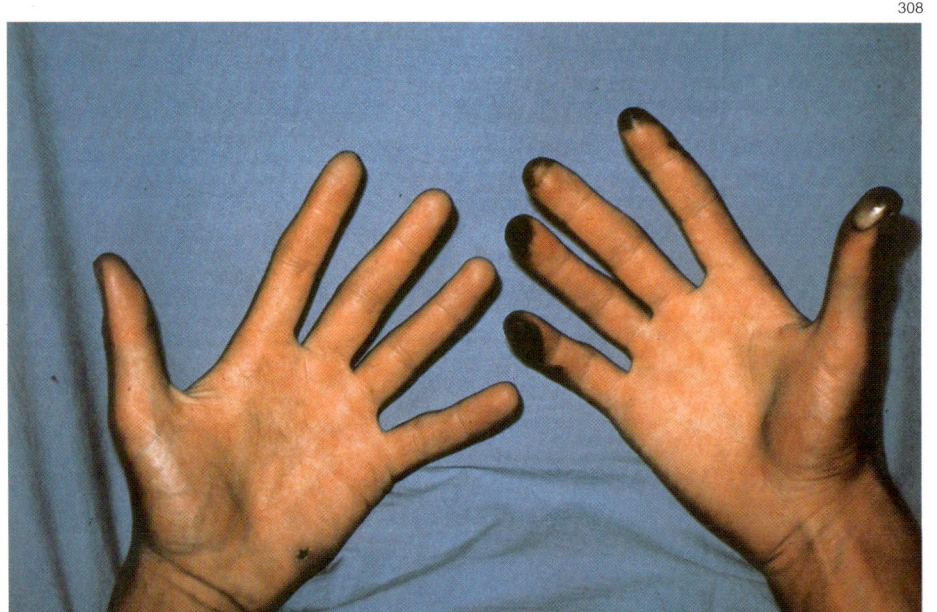

1970 wurde ich von Dr. Herrligkoffer zu
meiner ersten Himalaja-Expedition eingeladen. Ziel war die Rupalflanke am
Nanga Parbat, mit 4500 Metern die
höchste Eis- und Felswand der Erde.
Im letzten Moment erhielt auch mein
Bruder Günther die Aufforderung, mit-
zukommen. Selig zogen wir in dieses
Abenteuer, das zur größten Tragödie in
unserer beider Leben werden sollte.
Nachdem meine Kameraden und ich
fünf Hochlager aufgebaut und die
äußerst schwierige Wand mit Fixseilen
versichert hatten, bereiteten wir uns für
den Schlußangriff vor. Auf Grund der
unsicheren Wetterverhältnisse bot ich
dem Expeditionsleiter an, bei einem
schlechten Wetterbericht vom Lager V
aus einen Alleingang zum Gipfel zu versuchen. Da wir dort oben keine Funk-
verbindung mehr hatten, sollte mir der
Start mit einer Rakete signalisiert werden, andernfalls wollten meine Kameraden und ich den restlichen Weg zum
Gipfel versichern und zu viert einen
Vorstoß versuchen. Als am Abend des
26. Juni eine rote Rakete aufleuchtete,
war der Fall für mich klar. Ich machte
mich am nächsten Morgen allein und
ohne Seil auf den Weg. Plötzlich sah ich
völlig unerwartet unter mir in der Merkl-
Rinne meinen Bruder auftauchen. Gemeinsam erreichten wir den Gipfel, unseren ersten Achttausender, und fielen
einander bewegt in die Arme. Doch
Günther war am Ende seiner Kräfte. Da
wir beide kein Seil dabei hatten, war ein

309

Abstieg über die extrem schwierige Rupalflanke undenkbar. Wir konnten denselben Weg nicht mehr zurück und entschlossen uns, einen Abstieg über die uns leichter erscheinende Diamirflanke auf der Gegenseite zu versuchen. Unendliche Strapazen, Biwaks ohne Schlafsack in tödlichen Höhen — und doch erreichten wir den rettenden Wandfuß. Dort taumelte ich voraus, um uns einen Weg durch die gefährlichen Gletscherbrüche zu finden, als hinter mir

eine Eislawine herabdonnerte. Günther war verschwunden, begraben unter tonnenschweren Eisblöcken. Halb wahnsinnig vor Schmerz und Erschöpfung kroch ich mit schweren Erfrierungen talwärts. Hirten aus dem Diamirtal fanden mich und trugen mich zurück in ein Leben, das für immer einen Riß haben sollte.

309 Der Gipfelaufbau des Nanga Parbat

Höhe und Profitum

Meine erste Erfahrung mit dem Himalajagebirge hatte mich trotz des alpinen Erfolges – erste Durchsteigung der höchsten Wand der Welt, zweite, wenn auch unfreiwillige Überschreitung eines Achttausenders – völlig aus der Bahn geworfen. Die dem Drama am Nanga Parbat folgenden Auseinandersetzungen und Prozesse mit dem Expeditionsleiter, unsachliche Polemiken in der Öffentlichkeit und die Enttäuschung über ehemalige Freunde, die sich nicht als solche entpuppten, hatten mich verbittert und deprimiert. Schlimmer als alles aber war der Verlust meines Bruders und die Verzweiflung der Eltern. Da ich durch die schweren Erfrierungen an den Füßen die meisten meiner Zehen

durch Amputationen verloren hatte, war mir klar, daß ich nie wieder die ganz extremen, ganz diffizilen Klettereien der letzten Jahre würde klettern können. Diese Erkenntnis hat mich damals eigentlich gar nicht besonders tief getroffen, weil ich mit dem Gedanken spielte, überhaupt mit dem Bergsteigen aufzuhören. Was ich durchzustehen hatte, war die Tragödie des Überlebenden zu bewältigen. Ein paar Freunde haben mir in dieser Zeit sehr geholfen. Damals habe ich auch meine Frau kennengelernt, die mich immer wieder ermuntert hat, nicht aufzugeben, keine Konzessionen an ein festgefügtes bürgerliches Dasein zu machen, in dem ich seelisch verhungert wäre. Ich schrieb damals meine ersten Bücher, Ernst Pertl drehte mit mir den ersten Film. Ich ging wieder in die Berge und kam langsam in ein neues Gleichgewicht.
Ich nahm wieder an Expeditionen teil. Die Erlebnisse in großen Höhen begannen mir die extremen Alpenwände zu ersetzen. Wenn ich heute an diese Expeditionen im Himalaja zurückdenke, wird mir klar, daß ich dort abermals eine

ähnliche Entwicklung durchgemacht habe wie die zum extremen Alpenkletterer. Stufenweise bin ich auch hier der geworden, der ich heute bin. Zuerst habe ich an klassischen Expeditionen teilgenommen, die mit großen Mannschaften und Materialschlachten die Achttausender eroberten. Doch nachdem ich den Expeditionsstil praktiziert hatte, bin ich nach und nach immer mehr darauf verfallen, auch hier meinen eigenen puristischen Stil zu entwickeln, auch an den Achttausendern »by fair means« – mit fairen Mitteln – vorzugehen. Die Teams wurden immer kleiner, die Ausrüstung immer geringer. Mit Peter Habeler gelang mir am Hidden Peak die erste Zwei-Mann-Besteigung eines Achttausenders und schließlich ging ich allein und stand allein auf dem Gipfel. Daß ich dabei viele Tabus der Himalajapäpste gebrochen habe – eine alpine Seilschaft in einer Achttausenderwand, Besteigung des höchsten Berges der Welt ohne Sauerstoffmaske und zudem noch allein – hat mich zwar in der Öffentlichkeit bekannt gemacht, aber zu meiner Beliebtheit in Bergsteigerkreisen

großenteils nicht gerade beigetragen. So wurde ich auch im Leben immer mehr zum Alleingänger.

Da zu meinen Vorstellungen von einer Expedition »by fair means« auch gehört, die hohen Kosten ohne öffentliche Gelder zu finanzieren, begann ich mich zu »vermarkten«. Wenn einer auf Expedition geht, so tut er das heute zu seinem Privatvergnügen, um seine persönlichen Ambitionen zu verwirklichen. Dies mit Steuergeldern oder Vereinsbeiträgen zu finanzieren, finde ich fragwürdig. Damit habe ich in ein alpinistisches Wespennest gestochen, denn noch immer ist die Ideologie verbreitet, daß ein Bergsteiger mit seinem hehren Tun kein Geld verdienen darf. Ich aber schreibe und verkaufe Bücher, drehe und verkaufe Filme, halte für Geld Vorträge und verkaufe sowohl meinen Namen als auch meine Erfahrung an die Wirtschaft. Und so hat auch diese meine Vorstellung von Moral mich immer weiter in die Isolation getrieben. Da ich ein Realist bin, habe ich gelernt, mich in dieser Situation zurechtzufinden. Und die paar wenigen Freunde, die ich heute noch habe, sind wirkliche Freunde.

Zwischen den Expeditionen, die mich in alle Kontinente geführt haben, gehe ich noch immer ab und zu und mit großer Freude zum Bergsteigen in die Dolomiten. Ab und zu ist mir dabei sogar wieder die eine oder andere Erstbegehung gelungen und es hat mir immer wieder Spaß gemacht, als Bergführer Menschen durch Routen zu führen, von denen sie schon lange geträumt hatten. Ihre Begeisterung hat mich angesteckt und in frühere Zeiten versetzt. Und immer wieder habe ich versucht, meine Erfahrungen in meiner Bergsteigerschule weiterzugeben oder in Lehrfilme für junge Leute umzusetzen. Anschließend setze ich mich dann schnell wieder ab, verschwinde auf irgendeiner Expedition, die mal gelingt und mal nicht, erhole mich von Europa, versuche an meinen Leistungsgrenzen mit mir selbst ins Reine zu kommen. Und noch immer steht wie in meiner Kindheit am Horizont die nächste, geheimnisvolle Bergkette.

310 Hochlager am Manaslu
311 In der Manaslu-Südwand
312 Plattenkletterei in der Südwand der Neunerspitze
313 Freikletterei in der Brenta
314 Solo am Nanga Parbat

Auflösung der Träu

316

Viele meiner Freunde glaubten, daß mit dem Tag, als ich mich ganz in meine Leidenschaft hineinbegab, der Spaß aufhörte, daß Bergsteigen nun Arbeit für mich war.

Eben weil ich bisher auch neben meinen Bedürfnissen hergelebt hatte, kam mir dieser Tag wie eine Verzauberung vor. Ich sah die Welt so, als wäre mein neuer Zustand die Norm, als hätte ich vorher die Ausnahme gelebt. Ich konnte trotz aller Anfeindungen als »Profi« leben: ohne mit mir kämpfen zu müssen, ohne Vorbehalte.

Meine Karriere, wie sie andere nannten, war keine Angelegenheit des Kalküls, sie entwickelte sich von allein, weil ich ohne Kompromisse und mit all meinem Denken und Fühlen das tat, was ich tun mußte. Ich konnte mir selbst nicht mehr entrinnen.

315 Lager II am Manaslu
316 Nach dem Nanga Parbat 1970

315

121

DHAULAGIRI 1977

Lange Zeit galt der Dhaulagiri 1, der unmittelbar über den subtropischen Dschungelwäldern Nepals aufragt, als der höchste Berg der Erde. Der formschöne Gipfel — bei klarem Wetter von Pokhara aus sichtbar — nimmt heute die sechste Stelle unter den vierzehn Achttausendern ein. Die Einheimischen nennen ihn den Weißen Berg (dawala = weiß; giri = Berg). Schon sein Normalweg (Nordostgrat) — 1960 von einer internationalen Expedition unter Max Eiselin erstbegangen und inzwischen von Amerikanern, Japanern und Italienern wiederholt — gilt als schwierig. Seine Südflanke, nach Prof. G. O. Dyhrenfurth »eine der furchtbarsten Himalaja-Wände«, ist die höchste, noch unbezwungene Wand der Welt.
Diese unheimlich steile, gut 4000 m hohe Riesenwand ist unser Ziel.

MINISTRY OF FOREIGN AFFAIRS
His Majesty's Government of Nepal
Kathmandu

June 7, 1976.

No. Exp/280
Permission to Reinhold Messner for Dhaulagiri I
South face / Premonsoon Season of 1977

DHAULAGIRI EXPEDITION 1977
TREKKING

✈ Flugroute
— Trekkingroute
━ Anmarschweg der Messner-Expedition

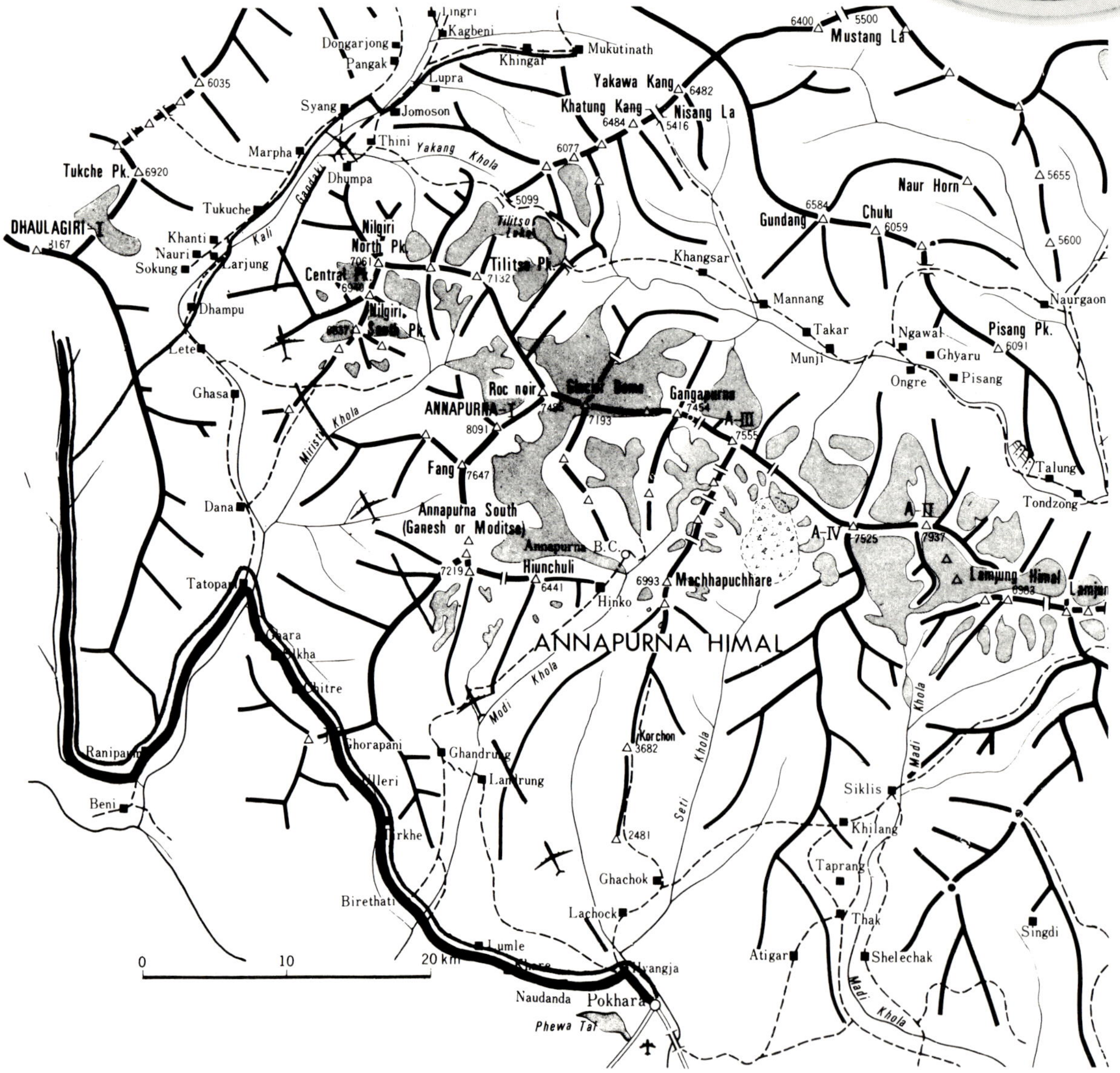

FOR RENTING, SELLING AND BUYING EQUIPMENTS
&
TREKKING INFORMATIONS; PLEASE CONTACT:
EVEREST
MOUNTAINEERING & TREKKING SHOP

Ramshah Path

(Near Central Immigration Office)
Kathmandu, Nepal.

TEL. No { 14139–Office (10 A.M.–5 P.M.)
         { 14619–Resi. (After 8 P.M. any time)

The Renting Charges as given below :—

1.	Down Sleeping bag	......	Rs.	6.00	per day
2.	Nylon Sleeping bag	......	Rs.	5.00	per day
3.	Cotton Sleeping bag	......	Rs.	4.00	per day
4.	Wind proof pair	......	Rs.	4.00	per day
5.	Sponge mattress	......	Rs.	3.00	per day
6.	Climbing boot	......	Rs.	6.00	per day
7.	Trekking boot	......	Rs.	5.00	per day
8.	Down Trouser & Jacket	......	Rs.	10.00	per day
9.	Two men Nylon tent	......	Rs.	8.00	per day
10.	Four men Nylon tent	......	Rs.	10.00	per day
11.	Cooking utensils for one, two three men	......	Rs.	10.00	per day
12.	Cooking utensils four to Eight persons	......	Rs.	15.00	per day
13.	Watter bottle	......	Rs.	2.00	per day
14.	Ice Axe	......	Rs.	4.00	per day
15.	Crampons	......	Rs.	4.00	per day
16.	Goggles	......	Rs.	1.00	per day
17.	Rope	......	Rs.	8.00	per day
18.	Ruck Sack	......	Rs.	5.00	per day
19.	Down Jacket	......	Rs.	6.00	per day

Owner:

Ghana Shyam Paudel

P. O. Box: 1034
Kathmandu, Nepal.

NOTICE

1. An amount of money equivalent to the cost of goods must be deposited with us before hiring.

2. In case loss or damage of hired money deposited with us will not be refunded.

1971
Montserrat

1971 war ich in Spanien auf einer Vortragsreise unterwegs. Meine Fußamputationen waren endlich verheilt. Freunde aus Barcelona nahmen mich mit ins Montserrat-Gebirge. Ein riesiger, bizarr geformter Klettergarten aus Konglomeratgestein tat sich vor mir auf, das Trainingsgelände meiner Freunde. Wir turnten in einer großen Zahl mittelschwieriger Routen herum – fasziniert von den Fabelwesen gleichenden Felsgestalten. Tief unter uns zogen schlangengleich Züge von Pilgerscharen zum Kloster Montserrat, um dort die schwarze Madonna anzubeten. In dieser archaischen Welt empfand ich auf ganz neue Weise meine Zuneigung zu den Bergen und gewann dadurch mein altes Harmoniegefühl zurück.

317

318

124

319

320

317 mit 323 Das Montserrat-Gebirge, faszinie-
render Klettergarten Kataloniens

318 Das berühmte Benediktinerkloster mit der
schwarzen Madonna

321

322

323

Film

Wenn ich oft lang zwischen dem Firn und den Sternen gelebt hatte und zurückkam aus den Wüsten oder Höhen, suchte ich auch in blicklosen Menschenmengen Trost und Ausgleich. Ich ging dann stundenlang durch irgendeine Stadt, verschmolz mit dem anonymen Menschenstrom vor den Schaufenstern oder Kinos. Wenn man seine Einsamkeit mit der aller anderen vermischt, ist sie von Zeit zu Zeit leichter zu ertragen.

1970 war mein erstes Buch erschienen, das »Zurück in die Berge« hieß. Es enthielt philosophische Betrachtungen über's Bergsteigen, Gedichte und Erlebnisse. Vor allem aber wollte ich darin das Bergsteigen als alternative Lebensform für den naturentfremdeten Städter beschreiben. Die Bilder in diesem Buch stammten von Ernst Pertl. Da er ein ausgezeichneter Kameramann ist, beschlossen wir 1971, aus dem Buch einen Film zu machen. Ohne jedes Honorar kletterte ich für Ernst x-mal die Nordkante am Zweiten Sellaturm hinauf, damit er saubere Schnittfolgen machen konnte. Ich hatte damals keine Ahnung, daß ich dieses für mich neue Medium später als Metier aufgreifen würde. Die Arbeit an dem Film hat uns beiden großen Spaß gemacht und wir waren beide sehr stolz, als er beim Filmfestival in Trient einen Preis erhielt. Meine alte

325

Freude am Klettern war zurückgekehrt und ich machte schon wieder die ersten Erstbegehungen in den Dolomiten: an der Kleinen Rodelheilspitze, und in der Geislergruppe.

324

324 Der Zweite Sellaturm von Norden. Rechts die Kante, die ich für unseren Film durchstiegen habe.
325 Die Drei Sella-Türme
326 Am Gipfel des Zweiten Sella-Turms
327 In der Micheluzzi-Führe am Piz de Ciavàzes
328 Am Einstieg

326

327

328

Nanga Parbat

Nachdem ich 1971 einige Trekkinggruppen nach Nepal und auf den Demavend in Persien geführt hatte, ergab sich im Herbst die Gelegenheit, zum Fuße des Nanga Parbat zurückzukehren, um noch einmal nach Spuren meines Bruders zu suchen. Uschi, meine spätere Frau, und ich schlugen uns mit bescheidensten Mitteln bis ins Diamirtal durch, wo es ein bewegendes Wiedersehen mit den Hirten und Bauern gab, die mich 1970 gerettet hatten. Ein paar von ihnen begleiteten uns bis hinauf ins Basislager unter der Diamirflanke, wo sie Uschi und mich in unserem kleinen Zelt zurückließen.

330

332

331

Tagsüber ging ich immer wieder zwischen den Gletscherbrüchen am Wandfuß auf die Suche nach Günther, nachts suchten mich die vergangenen Erlebnisse immer wieder in Alpträumen heim. Das Aufsuchen des Schauplatzes unserer Tragödie löste einen starken Schock in mir aus, aber dieser Schock half mir, Verdrängtes aufzuarbeiten, ganz langsam mit den Tatsachen fertigzuwerden.

Doch obwohl ich sogar über den Mazenopaß auf die andere Bergseite ins Basislager von 1970 hinüberwechselte, gelang es mir nicht, den geringsten Hinweis auf Günther zu finden. Bis zu diesem Moment hatte ich mich unbewußt immer wieder an die wahnwitzige Vorstellung geklammert, Günther könnte die Eislawine durch ein Wunder überlebt haben. Nun begann ich, seinen Tod endgültig als Tatsache zu begreifen.

333

334

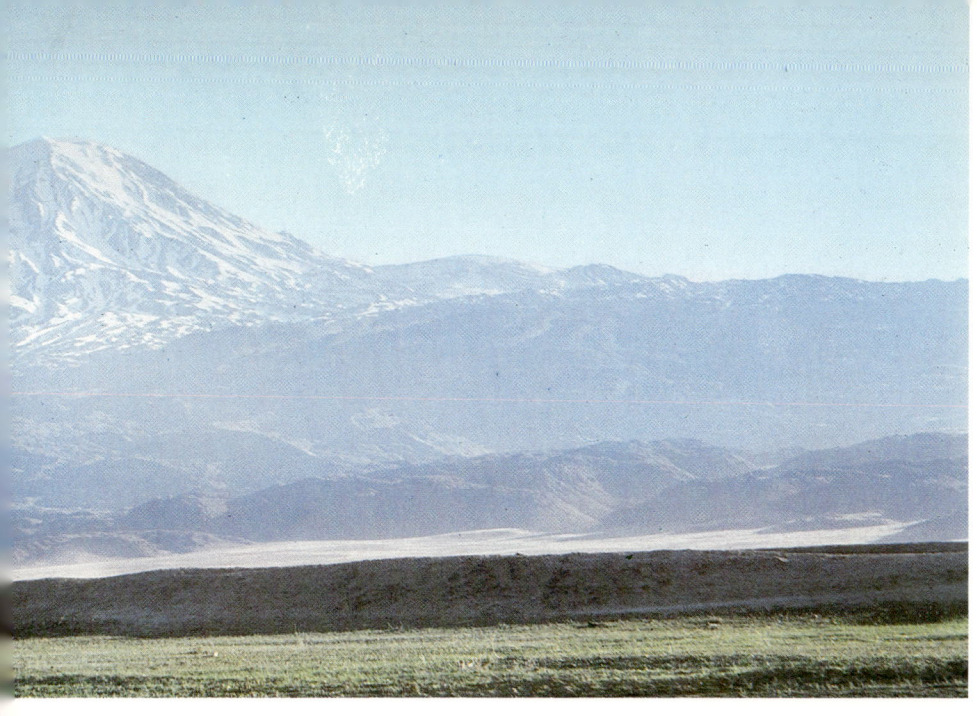

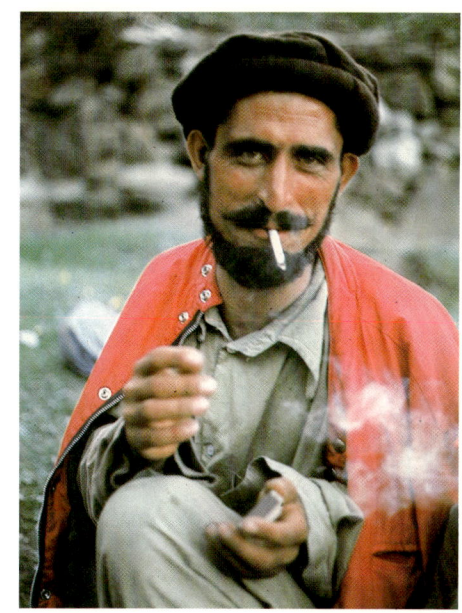

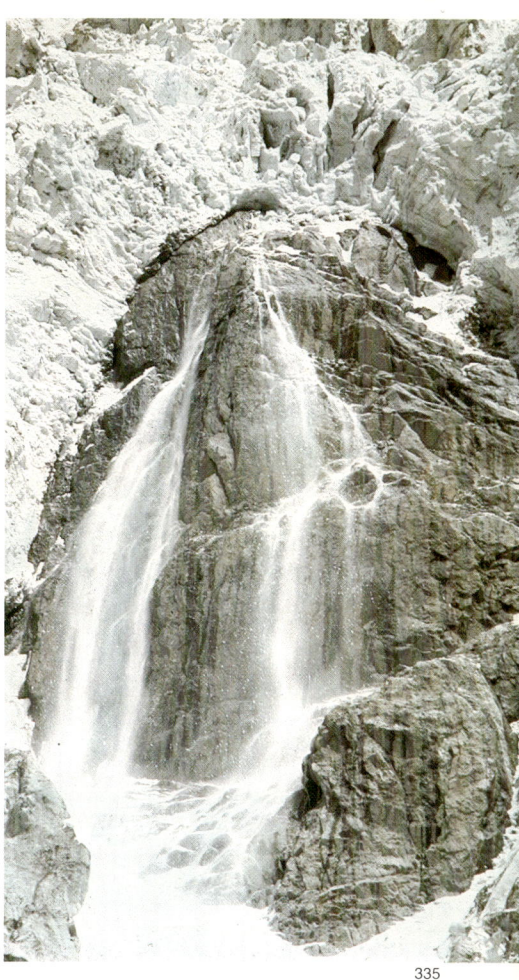

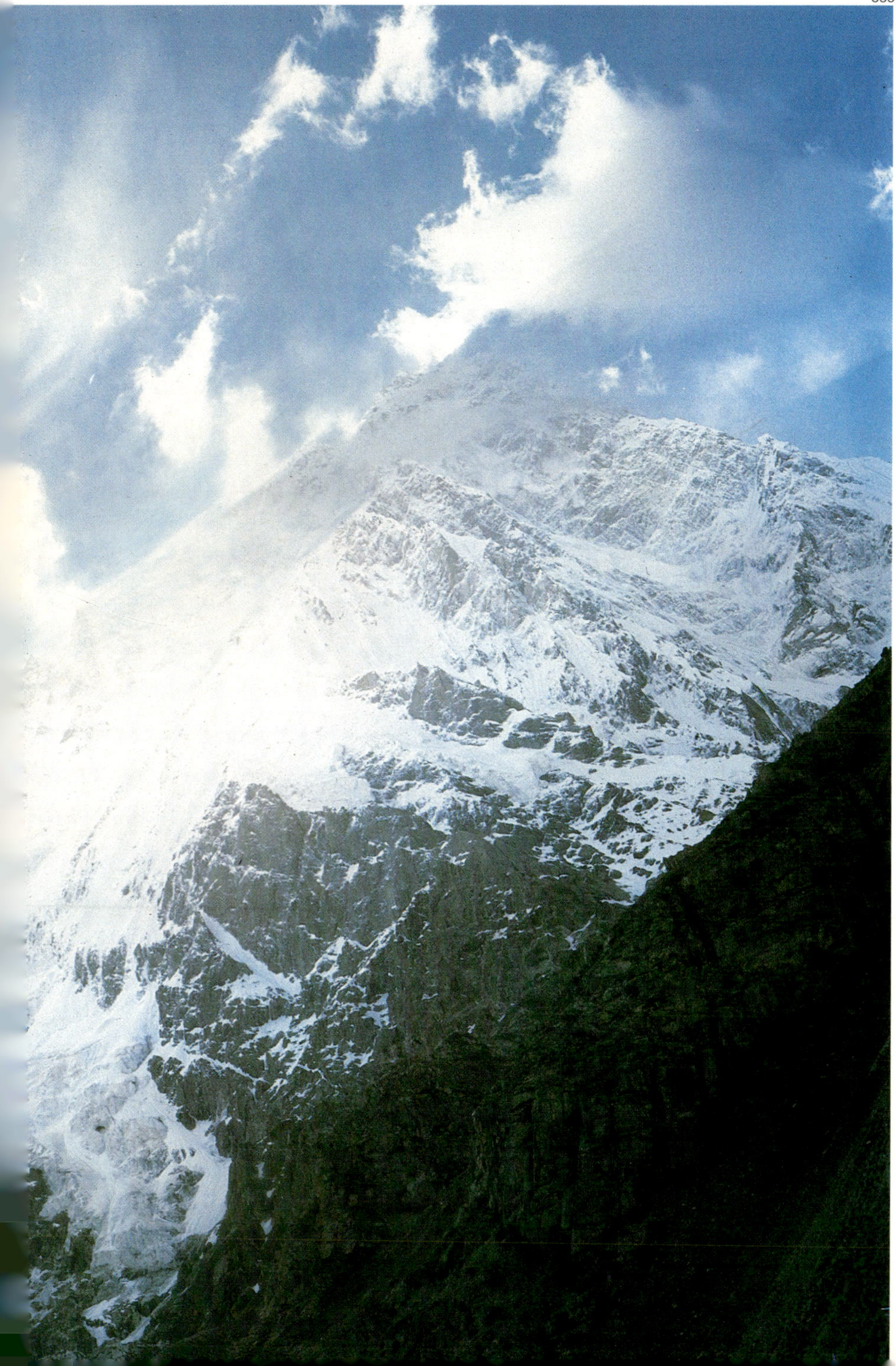

335

330 Kinder im Diamir-Tal
331 Unsere Träger, meine alten Freunde
332 Demavend, mit 5604 m der höchste Berg Persiens
333 Rupalwand am Nanga Parbat
334 Wiedersehen mit einem meiner Retter
335 Lawine am Wandfuß der Diamir-Flanke

Neu-Guinea

Carstensz-Gebirge

Unter den vielen Reisen, die ich 1971 gemacht habe, nimmt eine einen besonderen Raum ein: meine Kleinexpedition mit dem Italiener Sergio Bigarella nach Neu-Guinea. Wir wollten im höchsten Gebirge Ozeaniens bergsteigen gehen, im Carstensz-Gebirge. Tagelang balancierten wir im Dschungel über die schlüpfrigen Stämme umgestürzter Baumriesen, bis vor uns die Carstensz-Mauer auftauchte und spontan nannten wir sie beim ersten Anblick »die Dolomiten auf der anderen Seite der Erde«. 5030 Meter hoch ist ihre höchste Erhebung, die Carstensz-Pyramide, über deren Nordflanke sich kaskadenartig riesige Hängegletscher über dem Urwald ausbreiten. »Ndugundugu« nannten unsere halbnackten Träger, die eingeborenen Danis, das Eis. Sergio und mir aber boten diese Berge eine schier unerschöpfliche Anzahl von unbestiegenen Wänden im III. bis VI. Schwierigkeitsgrad. Der Kalk dieser riesigen Felsriffe ist von einer von mir bis dahin nie erlebten Rauhigkeit. Nachdem wir am Larson-See ein Basislager aufgestellt hatten, erklommen wir den Neuseelandpaß, überschritten die Nordwandmauer, stiegen ins Seental ab, überquerten den unteren Carstensz-Gletscher und bestiegen die Pyramide über ihren langen, messerscharfen Ostgrat. Tags darauf bezwang ich die 1000 Meter hohe Nordostwand des Puntjak Djaja, eine Erstbegehung, die sich mit den großen Dolomitenwänden durchaus vergleichen läßt.

336

337

336 Die Wände des Carstensz-Gebirges
337 Erstbegehung am Puntjak Djaja
338 Anmarsch
339 In der Mitte die Carstensz-Pyramide
340 Einkleidung der einheimischen Träger
341 Im Seental
342 Im Dschungel
343 Bizarre Felsgestalten

338

339

340

341

342

343

Mount Kenya

Oft zweifelte ich, ob Uschi mich wirklich verstand. Aber sie ermunterte mich immer wieder, daß ich meine Expeditionen fortsetzen sollte. Als ich ihr am Mount Kenya in die Augen sah, war ihr Ausdruck nicht genau zu erkennen. Es war schon Abend und das Zwielicht, die untergehende Sonne brach den Widerschein vom Gletscher, warf sonderbare Schatten. Dieses Mädchen also wußte, wie wichtig es für mich war, hier zu leben; sie wußte, wie gefährlich es war; sie wußte, wie schwer es mir fiel, von ihr fortzugehen. Und sie verstand mich.

An Silvester 71/72 führte ich eine Gruppe von Italienern zum Mount Kenya. Auch Uschi kam mit zum Gipfel, die anstrengende Kletterei im steilen gelben Fels über dem Gletscher am Äquator machte ihr Spaß. Mit seinen 5198 Metern Höhe ist der Mount Kenya zwar nicht der höchste, aber mit Abstand der für Kletterer attraktivste Berg Ostafrikas. Zwischen seinen Zwillingsgipfeln Nelion und Batian liegt eine kühne Eisrinne, das Diamond-Couloir. Dreimal habe ich mich nachts auf den Weg gemacht, um seine Erstbegehung zu versuchen. Aber jedesmal bin ich umgekehrt, weil mir der Mut dazu fehlte.

344 Anmarsch durchs sumpfige Teleki-Valley, links Mt. Kenya, Mitte Point John
345 Unser Zelt
346 Der Mount Kenya mit seinen Hängegletschern
347 Auf dem Weg zum Lewis-Gletscher
348 Am Gipfelaufbau
349 See überm Teleki-Valley
350 In der Wand

345

344

346

347

348

349

350

1972
Manaslu

Im Frühjahr 1972 brach ich mit der Tiroler Himalaja-Expedition unter der Leitung von Wolfgang Nairz zu meinem zweiten Achttausender auf. Wir wollten die äußerst schwierige, 4000 Meter hohe Südwand des 8156 Meter hohen Manaslu erstmals durchsteigen. In freundschaftlichem Teamwork versicherten wir die Wand, dann machten sich Franz Jäger und ich am Morgen des 25. April fertig zum Gipfelangriff. Das Wetter war gut und so ging ich allein weiter, als Franz am Gipfelplateau umkehrte. Ich erreichte den Gipfel. Kurz darauf brach ein infernalischer Schneesturm los, in dem Franz Jäger und der ihn suchende Andi Schlick den Tod fanden. Ich erreichte mit letzten Kräften das rettende Hochlager.

353

352

355

356

354

Nepal, das ist nicht nur Kathmandu und die gleißende Kette des Himalaja mit den Sieben- und Achttausendern. Nepal, das ist vor allem das langsam und stetige Heraussteigen aus den üppigen Hügeltälern, aus der Fülle von Vögeln und Insekten, die wie ein Orchester die schwüle Nacht in Musik tauchen. Es ist das Bleiben in der kargen Stille des Hochgebirges, deren Töne zart sind wie die Wolkenschleier.
Nur der Sturm, Lawinen, der Tod lassen Dich aufschrecken.

357

Als ich die Regeln des Überlebens ein für allemal gelernt hatte, war mein Unterwegssein keine Aufgabe mehr, eher ein Zustand.
Ich trat in dieser Zeit aus allen alpinen Vereinen aus, ließ alle Rituale weg und begann, mich mehr und mehr in der Isolation zu verbarrikadieren.

358

352 Blick vom Lager II zur Gipfelwand
353 Im Schmetterlingstal
354 Der Manaslu von Westen
355 Die Gipfelpyramide des Manaslu
356 u. 357 Im Pfeiler am Anfang der Wand
358 Schneehöhle, in der die suchenden Freunde
       Schutz vor dem Orkan gefunden hatten

Hindukusch

Nach der Rückkehr vom Manaslu hatte ich mich verpflichtet, eine Trekkinggruppe in den Hindukusch zu führen. Wir reisten nach Wakhan in Afghanistan und bestiegen dort einen Fünftausender, den Sechstausender Asp e Safed und den Siebentausender Noshaq. Keine extrem schwierigen Expeditionsunternehmen, aber eine einmalige Gelegenheit, den politisch interessanten Wakhan-Korridor zwischen der UdSSR, China und Pakistan kennenzulernen, in den ausgedörrten Bergen des Hindukusch unterwegs zu sein. Gleichzeitig war die Expedition meine Hochzeitsreise mit Uschi.

Bei meinen Expeditionen bin ich immer bemüht, ohne vorgegebene Hierarchie auszukommen. Die Stärke der Persönlichkeit soll von Mal zu Mal entscheiden

359

und nicht ein selbsternannter Expeditionsleiter. Ich mag feste Rangordnungen nicht und weiß, daß die Vorliebe für Hierarchien meist im umgekehrten Verhältnis zum wahren Persönlichkeitswert steht.

Ein Expeditionsleiter im herkömmlichen Sinne wäre für das individuelle Überleben des einzelnen wie auch für das kollektive der Gruppe verantwortlich.

Jeder erfahrene Bergsteiger aber weiß, daß in der Extremsituation jeder für sich selbst verantwortlich ist. Also ist es ungerecht und unlogisch, die Leitung einer Expedition im voraus festzulegen. Über die Organisation hinaus ist es die Gruppe, die entscheidet und in ihr von Fall zu Fall derjenige, der die Lage übersieht. Die Zeit, daß einer befiehlt, sollte auch beim Bergsteigen vorbei sein.

359 u. 360 Aufstieg am Noshaq
361 Einer meiner Schützlinge am Gipfel des Noshaq
362 Links der Noshaq, rechts der Asp e Safed
363 Blick auf den Noshaq

360

361

362

363

1973 Sommer

Nach einem kurzen Solo-Abstecher zum Nanga Parbat, den ich – was ich wie ein Geheimnis hütete – allein besteigen wollte, floh ich zurück nach Europa. Schon im Basislager hatte mich der Mut verlassen.

So habe ich den Sommer in den Dolomiten verbracht und hauptsächlich in meiner Bergsteigerschule gearbeitet. Ich wies meine Bergführer in neue Lehrmethoden ein, verbesserte mit ihrer Hilfe und meiner Erfahrung unser Konzept, sichere und selbständige Bergsteiger aus unseren Schülern zu machen.

Einige dieser Schüler kamen Jahr für Jahr wieder und waren inzwischen so geübt, daß ich mit ihnen extreme Führungstouren wie den Franzosenpfeiler am Crozzon di Brenta machen konnte. Gemeinsam wagten wir uns auch an kleinere Erstbegehungen in der Geislergruppe oder an der Marmolata. Diese Arbeit machte mir viel Freude und obwohl ich nicht mehr so intensiv kletterte wie in den sechziger Jahren, kam ich immer noch auf etwa 50 Gipfel pro Jahr. Darunter waren in diesem Sommer die schönsten Gipfel der Brenta-Gruppe.

Was hat man nicht alles über die Berge gesagt! Sie seien gefährlich, einsam, ungeheuerlich. Wenn ich nachts im Biwak erwache, ist die Wand oft unmenschlich und grausam. Wenn ich aber beim Klettern Zeit zum Schauen habe, ist die Wand meine Freundin. Sie weiß alles über mich, hält mich, spielt mit mir. Es gibt eine Art Liebesverhältnis zwischen uns.

364 Morgennebel in der Brenta
365 Guglia di Brenta
366 Blick von der Brentai-Hütte zur Bocca di Brenta
367 Crozzon di Brenta
368 Auf der Guglia
369 Der Bocchette-Weg
370 u. 371 In der Südwand des Campanile Caigo

366

365

368

369

364

367

370

371

372

Chamonix

Ab und zu fuhr ich wieder nach Chamonix, hauptsächlich um alte Freunde zu besuchen. Bei diesen Abstechern reichte es zu einer Begehung der Brenvaflanke am Mont Blanc, zu den Durchsteigungen der Dru-Westwand und der Nordwand der Aiguille Verte. Auch die alten klassischen Touren wie das Gervasutti-Couloir, der Mont Blanc du Tacul fanden so Eingang ins Tourenbuch.

Ich behaupte nicht, daß eine extreme Bergtour ein wissenschaftliches Laboratorium für Verhaltensforschung ist. Bestimmte menschliche Aktionsmuster aber brechen in Grenzsituationen nackter und damit klarer hervor als unter so-

373

375

374

genannten normalen Umständen. Das meiste von dem, was ich über Menschen erfahren habe, weiß ich nicht aus Büchern, sondern aus solchen Erlebnissen. In der totalen Isolation, ohne Lichtreklamen, ohne Autos, ohne Telefon, reagieren nicht nur unsere Sinne anders, unser ganzes Wesen ist reduziert und sensibilisiert auf die Bedürfnisse eines primitiven Volksstammes. Das Wort primitiv ist dabei wertfrei zu sehen.

376

372 Der Gipfelgrat am Mont Blanc
373 u. 374 Mont Blanc du Tacul, Gervasutti-Couloir
375 Historisches Denkmal in Chamonix
376 Mont Blanc von Norden
377 Aiguille Verte
378 Die Aiguille du Dru von Westen
379 Mont Blanc von Süden, Brenvaflanke

1974
Eiger

381

384

382

Mit der Eiger-Nordwand und mir hat es eine besondere Bewandtnis: so oft ich sie versucht habe, kam etwas dazwischen. Wetterstürze, bis zur Unkenntlichkeit verstümmelte Telegramme meiner vergeblich wartenden Partner ... es klappte einfach nicht. Zwar war mir 1968 mit meinem Bruder Günther, Toni Hiebeler und Fritz Maschke die Erstbegehung des Eiger-Pfeilers gelungen, aber die berühmte Wand mit ihrer berüchtigten, klassischen Route war es eben nicht.

Inzwischen hatte ich so viele der großen Alpenwände bewältigt, die Badile-Nordostwand, die Marmolata-Südwestwand und andere, die mich immer wieder daran erinnerten, daß mir die spektakulärste unter den großen Wänden auf meiner Liste fehlte.

383

Am 14. August 1974 stand ich mit Peter Habeler wieder einmal am Wandfuß und diesmal endlich hatten wir Glück. Obwohl die Bedingungen nicht besonders gut waren, kletterten wir unablässig von einer berühmten Schlüsselstelle zur nächsten. Schwieriger Riß, Hinterstoisser-Quergang, Todesbiwak, Götterquergang, Spinne − ein Stück dramatischer alpiner Geschichte. Als wir die 1800 Meter hohe Wand hinter uns hatten, schauten wir auf dem Gipfel ungläubig auf die Uhr: wir hatten die Wand in der sensationellen Zeit von 10 Stunden geschafft.

386

Matterhorn

Ideen und Gespräche sagen wenig aus über einen Menschen, sie entscheiden nichts. Erst im Augenblick der Wahrheit, wenn dich das Leben im Rücken packt und du handeln mußt, bevor du nachdenken kannst, bringst du dein Leben mit deinen Ideen in Einklang — und du weißt, wer du bist.

Wie oft bin ich enttäuscht worden, ehe ich dies erkannt habe. Die Treue sich selbst und seinen Freunden gegenüber hat man im Herzen, nicht im Verstand.

389

Worte sagen nichts aus über die Richtung, die ein Mensch im entscheidenden Augenblick einschlägt.

Ich habe bereits erzählt, daß ich die Matterhorn-Nordwand einmal vergeblich über die Bonatti-Route im Winter versucht habe. 1974 gelang auch sie mir endlich zusammen mit Peter Habeler trotz eines Wettersturzes. Aber es war nicht nur die große klassische Wand, die mich immer wieder zu dieser Felspyramide nach Zermatt zog. Es war vor allem die Form, die ästhetische Schönheit des Berges, der auch ich mich nicht entziehen konnte. Ich verstand nur zu gut, warum gerade dieser schönste aller Viertausender schon in der romantischen Phase des Bergsteigens immer wieder Menschen dazu verführte, ihr Leben für seine Bezwingung zu riskieren.

388

387

390

391

386 Biwak mit Peter Habeler in der Bonatti-Route
387 In der Bonatti-Route beim Versuch im Winter
388 Ausstieg aus der Schmid-Route an der Nord-
    wand
389, 390, 391, 392, 393 Der wechselnde Sonnen-
    stand gibt dem Matterhorn ständig ein neues
    Gesicht

392

393

Aconcagua-Südwand

394

395

Der Aconcagua — mit 6959 Metern der höchste Berg der Anden — hat zwei Gesichter. Auf der Nordseite nicht viel mehr als ein endloser riesiger Schutthaufen, bricht seine Südseite jäh 3000 Meter tief zum Horcones-Gletscher ab. Diese Wand ist gespickt mit bedrohlichen Eisbalkons, Seraczonen, brüchigem Fels in allen Schwierigkeitsgraden von I bis VI.

Im Januar 1974 zog ich dort mit den Südtirolern Ernst Pertl, Jörgl Mayr und Jochen Gruber sowie mit meinem Freund Dr. Oelz, seiner Frau und Uschi über Puente del Inca in das durch seine Trostlosigkeit schon wieder grandiose Basislager. Wir wollten eine neue Route durch die Südwand legen. Nach einigen Tagen der Beobachtung entschlossen wir uns, die unteren beiden Wanddrittel über die Route der Franzosen zu besteigen, alle anderen Wege wären zu lawinengefährlich gewesen. Wir versicherten die Wand. Wir hatten viel Zeit verloren durch Schlechtwetter und Höhenkrankheit, so entschloß ich mich am 23. Januar nach einer Absprache mit Jörgl auf 6400 Metern Höhe, allein einen Blitzversuch zum Gipfel zu starten. Über eine neue Direttissima-Variante kletterte ich zum höchsten Punkt, machte ein paar Fotos und eilte zurück zum wartenden Jörgl, mit dem ich noch am gleichen Tag ins nächste Lager abstieg.

Ein paar Tage später bereits waren wir zurück in Europa, jeder an seiner Arbeit, jeder um die Erfahrung reicher, daß ein Monat Urlaub verdammt wenig Zeit für eine große Sechstausenderwand ist.

397

396

399

400

398

394 Ausblick vom Gipfel des Aconcagua
395 Die Südwand
396 Im Pfeiler
397 Anmarsch
398 Der Südgipfel
399 Oswald Oelz in der Wand
400 Essen im Basislager

1975
Lhotse

1975 startete eine große italienische Expedition unter der Leitung von Riccardo Cassin nach Nepal, um dort den 8511 Meter hohen Lhotse zu besteigen. Alle Achttausender waren bereits bestiegen, die Ära der großen Himalajawände war ausgebrochen. So hatten sich die Italiener die als unbezwingbar geltende Südwand ausgesucht und unter anderen starken Kletterern auch mich

401

zu diesem Unternehmen eingeladen. Doch wir hatten kein Glück. Die Wand erwies sich als äußerst gefährlich, ständig von Lawinen bestrichen, von denen eine sogar mit monströser Gewalt unser Basislager in die Luft wirbelte. Wir kämpften verbissen weiter, doch als in diesem Jahr auch noch der Monsun besonders früh über Nepal hereinbrach, mußten wir aufgeben. Die Wand gilt bis heute als eines der größten ungelösten Probleme im Himalaja. So kehrte ich nach größtem Einsatz meiner Kräfte nur mit einem kleinen Gipfel nach Kathmandu zurück: ich hatte zur Akklimatisation den dem Lhotse gegenüberliegenden Island Peak bestiegen, einen Sechstausender, der sich auch für Führungstouren hervorragend eignet.

Der Himmel verdunkelte sich mehr und mehr. Ein rauher Wind trug schwarze Wolken heran und vereinzelt stiegen graue Nebelschwaden über den Wäldern auf. Es kam der Monsun! Mit seiner Nässe und den verhangenen Bergketten verwandelte er dieses fremde Land mit den braungescheckten Hügelketten in ein violett-grünes Paradies unter meist grauem Himmel.

402

405

148

403

401 Unser Basislagerhund
402 Lhotse und Everest
403 Lange Zeit geht der Anmarsch durch Rhododendronwälder
404 In der Lhotse-Südwand
405 Anmarsch ins Lhotse-Basislager. Im Hintergrund der Island-Peak
406 Blick aus der Lhotse-Südwand über eine Lawine zum Island-Peak

404

406

Hidden Peak

Immer weiter, immer höher. Steigen, immer steigen. Jemand warnte mich, daß mir die Luft und die Freunde ausgehen würden, wenn ich nicht zurücksteckte. Ich zuckte die Achseln und bereitete mich auf die nächste Expedition vor.

Man kann am eigenen Erfolg ersticken, an der Einsamkeit, an nicht erwiderter Liebe, vielleicht sogar an der Reinheit, niemals aber an ausgelebtem Enthusiasmus.

Nach dem Fiasko am Lhotse hatte Uschi eine besondere Art von Trost bereit: sie wartete im Basislager auf mich und kramte aus ihrem Rucksack die Genehmigung der pakistanischen Regierung für eine Zwei-Mann-Expedition auf den 8068 Meter hohen Hidden Peak! Seit drei Jahren hatte ich mich um so eine Erlaubnis bemüht, und bisher hatte jedes Ministerium im Himalaja dieses Ansinnen entsetzt abgelehnt. Zu zweit auf einen Achttausender zu steigen galt 1975 noch als absolute Utopie, als Selbstmord.

Zurück in Europa hetzte ich mit meinem Partner Peter Habeler wie ein Wahnsinniger herum, um in aller Eile das nötige Geld und die entsprechende Ausrüstung zusammenzubekommen. Bereits am 13. Juli machten wir uns mit 12 Trägern auf den Weg über die endlosen Baltorogletscher, das kleinste Grüppchen, daß sich je an einen Achttausender gewagt hat. Am 8. August brachen wir vom Basislager auf, und biwakierten am Einstieg der Hidden-Peak-Nordwestwand. Vor uns hatte sie noch niemand durchstiegen.

Am 9. August erreichten wir eine Höhe von 7100 Meter bei Schwierigkeiten, die mit denen in der Matterhorn-Nordwand vergleichbar sind. Wir biwakierten in der Wand und standen kurz nach 12 Uhr auf dem Gipfel. Noch am gleichen Tag kletterten wir die Wand ab bis auf 7100 Meter. Am 11. August schliefen wir auf 5900 Metern im Schlafsack unter freiem Himmel, weil ein Sturm unser kleines Zelt zerrissen hatte, und um 9.30 Uhr des 12. August waren wir zurück im Basislager. Hinter uns lag die bis dahin nicht nur schnellste, sondern auch kleinste Expedition in der Geschichte des Himalajabergsteigens. Damit begann eine neue Ära des Kletterns − reiner Alpenstil an den Achttausendern. Himalaja »by fair means«.

407

408

409

410

411

412

407 Am Gipfelgrat des Hidden Peak
408 Im Eisbruch
409 Die Wand
410 Im Eisbruch
411 Unser Biwak in 7100 m
412 Anmarsch über den Baltoro-Gletscher

414

415

1976
Japan

1976 war ich zu einer ausgedehnten Vortragsreise in Japan unterwegs. Bereits in den Alpen und im Himalaja war ich immer wieder enthusiastischen japanischen Bergsteigern begegnet. Aber erst auf meiner Reise durch das Land der aufgehenden Sonne ist mir klargeworden, daß Bergsteigen in Japan längst zum Massensport geworden ist, daß der übervölkerte Inselstaat die aktivsten Bergsteigerclubs der Gegenwart hat. Besonders im Frauenbergsteigen im Himalaja sind die Japaner führend. So war es eine Japanerin, die als erste Frau einen Achttausender bestiegen hat und Junko Tabei aus Tokio ist die erste Frau, die bisher zwei der höchsten Berge der Welt geschafft hat: Everest und Shisha Pangma.

Aber ich habe bei diesem Aufenthalt nicht nur Vorträge gehalten und an lebhaften Diskussionen teilgenommen. Jeder von uns kennt den tausendmal gemalten und abertausendmal fotografierten Fujijama. 3776 Meter hoch erhebt sich der kegelförmige Vulkan über der Ebene von Tokio. Er ist nicht nur das Wahrzeichen des Landes, sondern auch der heiligste Berg Japans. So ist die Besteigung des Berges von alters her mehr eine meditative Wallfahrt als ein alpinistischer Höhepunkt.

Auch in die stadtnahen Klettergärten haben mich meine japanischen Freunde mitgenommen, wo ich Sicherungsmethoden und Klettertechniken demonstrieren mußte, die dann sehr ernsthaft diskutiert wurden.

414 Hütte am Fujijama in der Nähe des Gipfels
415 Im Klettergarten
416 Wahrzeichen und Heiligtum: der Fujijama

Mount McKinley

417 Abendstimmung beim Abstieg
418 Basislager am Mount Foraker
419 Blick auf den Mount Hunter
420 Die Südwand des McKinley, in der Bildmitte verläuft unsere neue Route
421 Ausstieg aufs Plateau
422 Unser Camp in Talkeetna
423 Die letzten Schritte zum Gipfel bei Mitternacht

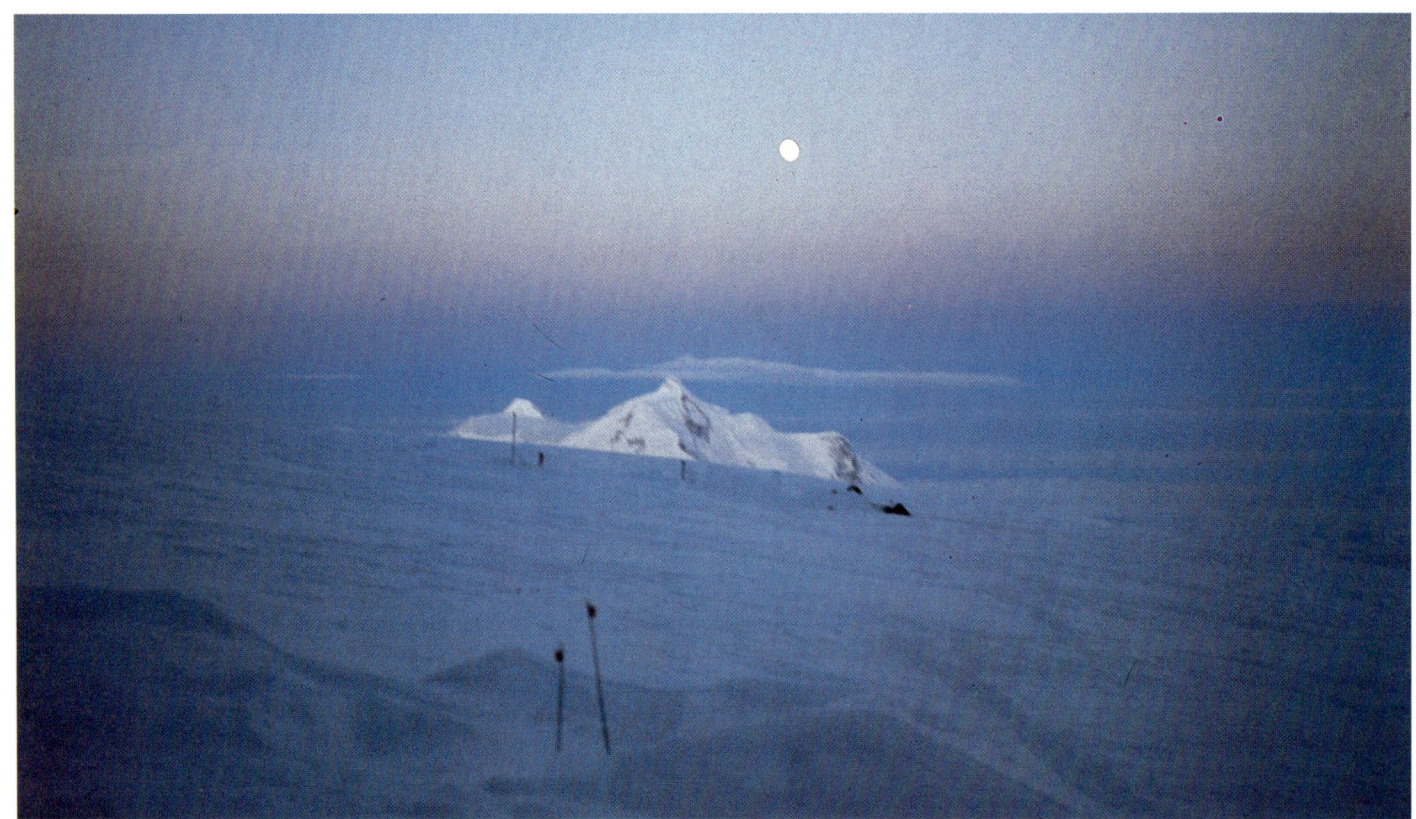

417

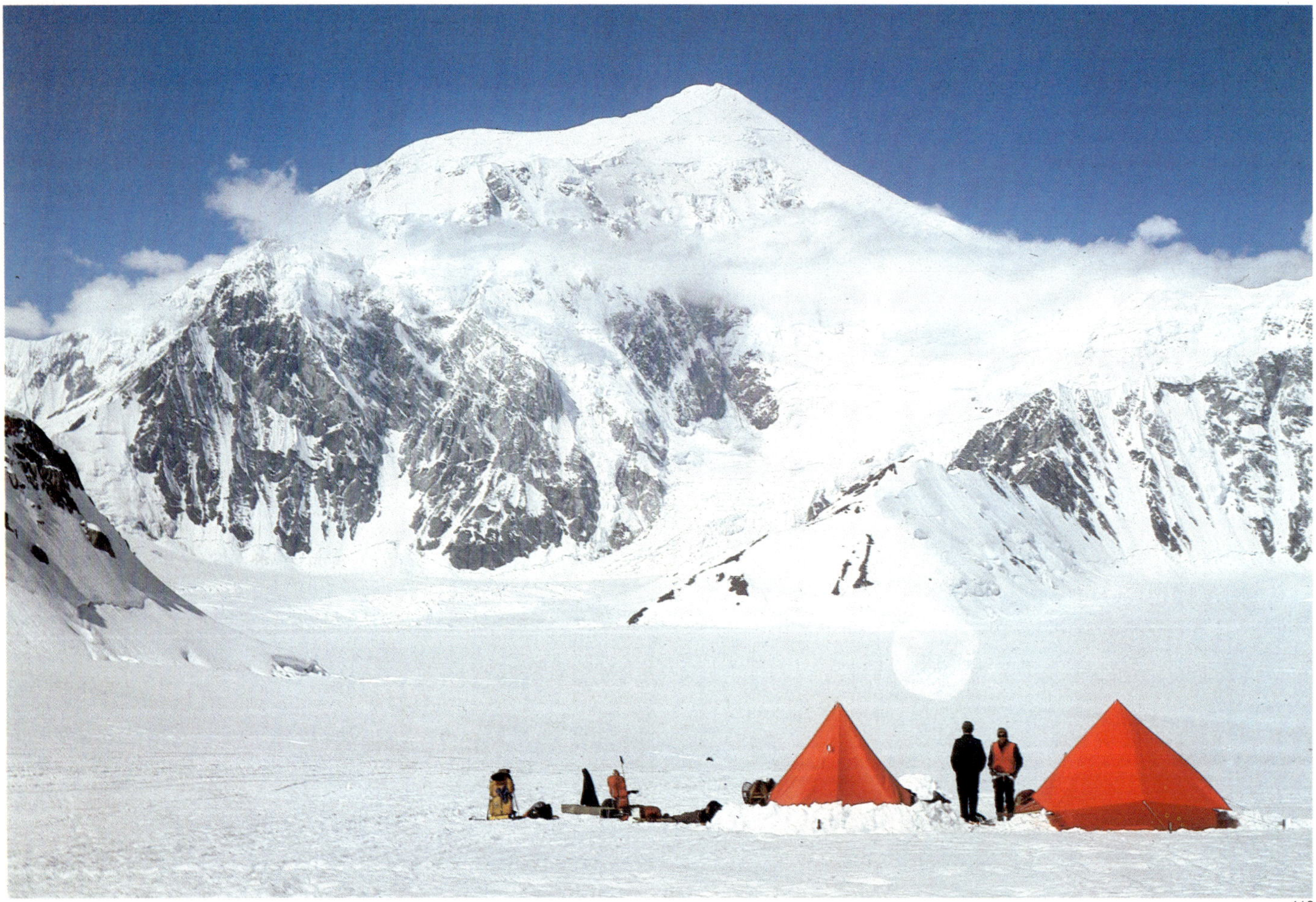

418

419

420

Was lag näher, als auf dem Rückflug von meiner japanischen Vortragsreise Zwischenstation in Alaska zu machen. Seit langem reizte es mich, dort den höchsten Berg Nordamerikas (6193 m) zu besteigen, den Mount McKinley. Mein Freund Oswald Oelz hatte damals einen Forschungsauftrag in den Südstaaten und war ausgehungert nach einem bergsteigerischen Abenteuer. Ein winziger Flieger brachte uns von Talkeetna aus ins Basislager. Von dort aus stiegen wir über den Normalweg bis auf eine Höhe von 4200 Meter. Hier entschlossen wir uns für eine Erstbegehung an der Südwand, links der Cassin-Führe. Wir nannten unsere Route »Wand der Mitternachtssonne«. Sie mündet ins Gipfelplateau. Von dort kamen wir ohne Schwierigkeiten zum höchsten Punkt. Der »schlimmste Berg der Welt«, verrufen wegen seiner grimmigen Kälte, hatte uns ein relativ freundliches Gesicht gezeigt.

422

423

421

Zwischen den Expeditionen

Zwischen den Expeditionen war ich immer wieder in den Alpen unterwegs, wo ich immer wieder klassische Erstbegehungsmöglichkeiten entdeckte. Die Gestalt der Berge scheint unerschöpflich die Phantasie des Kletterers anzuregen. Wo ich auch war, zeigten sich vor meinem inneren Auge klare, verlocken-

de, unrealisierte Linien, die ich sogleich erklettern wollte. So machte ich am Ortler mit Freunden eine Neutour an der Westwand. Brüchiger, dreckiger Fels, große Hitze, beim Abstieg plötzlich ein Schneesturm . . . manchmal frage ich mich selbst, ob wir nicht große Masochisten sind.

Sozusagen zur Erholung durchstieg ich kurz darauf die klassische Nordwand des Spik in den Julischen Alpen, eine genußvolle Tour im V. Grad.

425 Der Ortler von Westen
426 Tiefblick in der Ortler-Westwand
427 Dietmar Oswald auf dem Gipfel des Ortler
428 Die Nordwand des Spik im Triglav-Gebiet

Tent Peak

Wie schnell konnte ich alles vergessen, wenn ich in Kathmandu mein blasses Gesicht in die warme Frühlingssonne hielt: die Diskussionen um Atomsprengköpfe, die Briefe von Gefangenen, die traurigen Gesichter hinter Schaltern und Schreibtischen.

Seine Zeltform hat dem Sechstausender Tent Peak in Nepal den Namen ge-

430 Aufstieg am Tent Peak
431 Am Tent Peak
432 Unter der Annapurna-Südwand
433 Am Gipfelgrat des Tent Peak

430

431

geben. 1976 führte ich eine Trekking-Gruppe auf seinen Gipfel, eine Tour, die wegen ihrer Steilheit und relativ großen Höhe harte Anforderungen an alle Teilnehmer gestellt hat. – Auf dieser Reise hatte ich Gelegenheit, eine der größten Himalajawände zu sehen, die Südwand der Annapurna, die erstmals von Engländern durchstiegen wurde.

432

Wenn nur dieser Schein nicht wäre, dieser ferne, friedliche Himmel. Hier leuchten die Berge nicht, sie beleben. Dieses Licht besänftigt mich, dieses samtene Blau stimmt mich friedlich, alles erscheint mir unzerstörbar. Warum sollte ich mir Sorgen machen?

433

159

434

1977

Dhaulagiri-Südwand

Unter den großen Achttausenderwänden ist die 4000 Meter hohe Südwand des Dhaulagiri vielleicht die schönste. Gemeinsam mit Otto Wiedemann, Peter Habeler und Michael Covington schlug ich mir im Frühjahr 1977 mit Buschmessern einen Weg durchs unzugängliche Thulo-Khola, um an dieser leuchtenden Wand eine Erstbegehung zu versuchen, um eines der »großen ungelösten Probleme im Himalaja« in Angriff zu nehmen. Doch der eisige Riese schüttelte uns ab, wir kamen nicht höher als 6100 Meter. Die Wand war für unsere Möglichkeiten zu gefährlich. Als Trost bestieg ich mit Otto vom Basislager aus einen unbestiegenen Sechstausender links der Südwand.

434, 435 u. 437 Erstbegehung des Sechstausender-Trabanten am Dhaulagiri
436 Blick von unserem Sechstausender auf den Dhaulagiri
438 Zustieg zur Dhaulagiri-Südwand
439 Die gefährliche Südwand

437　　438

435

436

439

440

1978

Kilimandscharo

446

441

Mit 5895 Metern ist der höchste Berg Afrikas zwar anstrengend, über seinen Normalweg aber ohne jede Schwierigkeit zu besteigen. So kam mir 1978 eine Privatführung auf seinen Gipfel gerade recht als Akklimatisation für den Everest. Als mein Freund Konrad Renzler und ich beim Abstieg hörten, daß die amerikanischen Kletterasse Rob Taylor und Henry Barber bei dem Versuch, am gleichen Berg die 1200 Meter hohe Breach-Wall zu durchsteigen, gescheitert waren, gab es kein Halten mehr. Wir liehen uns die nötige Ausrüstung für schwierige Eiskletterei und machten uns auf den Weg. Die Breach-Wall ist ungemein gefährlich und schwierig, aber wir hatten mehr Glück als unsere Vorgänger. Am 31. Januar hatten wir ihre Route vollendet.

Mit zwanzig oder fünfundzwanzig Jahren läßt sich jeder auf ein Abenteuer ein, das ihm über den Kopf wächst. Wer hat nicht wenigstens einmal im Leben das alleräußerste Risiko auf sich genommen! Aber älter werden, das heißt unter anderem schwächer werden. Trotzdem ein großes Wagnis einzugehen, heißt, die Erfahrung in die Waagschale zu werfen. Denn auch Erfahrung hat den Wunsch, bestätigt zu werden.

440 Breach-Wall am Kilimandscharo
441 Breach-Wall
443 Am Uhuru-Peak
444 Im zweiten Eisfeld an der Breach-Wall
445 Kletterei am Eiszapfen
446 Schnee am Kilimandscharo. Der Normalweg
447 Gillmans Point am Normalweg
448 Querung in der Breach-Wall

Mawenzi

Am Kilimandscharo gibt es drei Vulkane: den vergletscherten Kibo (5895 m), den Mawenzi (5270 m) und den Schira (4000 m).

Als wir vom Kibo, auf den auch der Normalweg führt, abstiegen, war das Wetter so gut, daß wir nicht mehr zu bändigen waren. Konrad und ich überkam die alte Leidenschaft, Gipfel zu sammeln. So beschlossen wir, einen Abstecher auf den Mawenzi zu machen. Nach einem Biwak am Wandfuß stiegen wir am nächsten Tag über steile Schneerinnen zu den verschiedenen Gipfeln, mit denen der Mawenzi gekrönt ist.

450 Blick vom Mawenzi auf den Kibo
451 Gipfelaufbau am Mawenzi
452 Der Mawenzi
453 Auf dem Weg zum Mawenzi
454 Unser Aufstieg durch die Steilrinnen

452

450

451

453

454

455

456

Everest — ohne Sauerstoff

Seit unserer Zwei-und-ein-Achttausender-Expedition auf den Hidden Peak waren Peter Habeler und ich daran gewöhnt, daß wir für verrückt gehalten wurden. Wir hatten aber auch die Erfahrung gemacht, daß unmöglich Scheinendes möglich sein kann. 1978 galt es als absolut unmöglich, den höchsten Berg der Welt, den 8848 Meter hohen Mount Everest, ohne Sauerstoffmaske zu besteigen. Wenn wir überhaupt je den Gipfel »frei« erreichen würden, kämen wir als Kretins zurück, unsere Gehirnzellen würden absterben, so hieß es, und vieles andere mehr. Peter und ich aber ließen uns nicht entmutigen. Wir schlossen uns einer Everest-Expedition unter der Leitung von Wolfgang Nairz an, Freunden, denen wir halfen, den traditionellen Weg auf den Everest zu versichern und die dafür unsere »Wahnsinnsidee« tolerierten! Nachdem alle Hochlager errichtet waren und die ersten drei Expeditionsteilnehmer auf die traditionelle Art und Weise den Gipfel bestiegen hatten, waren auch Peter und

458

ich nicht mehr zu halten. Am 7. Mai lagerten wir auf dem 8000 Meter hohen Südsattel zwischen Everest und Lhotse. Gegen 6 Uhr morgens am 8. Mai brachen wir auf.
Das Wetter war trüb, wir mußten uns beeilen. Abwechselnd führend kämpften wir uns durch grundlosen Pulverschnee und über den Pfeiler zum Südgipfel, krochen am Ende unserer Kräfte weiter zum höchsten Punkt. Um 13 Uhr hatten

455 Am Gipfel
456 Die Everest-Südwestwand
457 Schneesturm unterm Südgipfel

458 Unser Basislager vor dem Khumbu-Eisbruch
459 Im gefährlichen Eisbruch
460 Die Westschulter des Everest

457

460

wir unser Ziel erreicht, umarmten uns
unter Tränen, zu erschöpft für Glücks-
gefühle.

Wir hatten der Welt bewiesen, daß ihr
höchster Punkt allein mit menschlichen
Kräften zu erreichen war. Wir hatten
jahrelang Strapazen und Erfolge geteilt.
Wir waren Freunde. Doch zurückgekehrt
in die Täler und zu den Menschen,
mußte ich feststellen, daß es stärkere
Kräfte gab als diese Freundschaft.

461 Der Weg durch den Eisbruch
462 Auf dem Rückweg

459

461

462

Nanga Parbat
Solo

Wer glaubte, daß ich nach der Besteigung des Mount Everest ohne Sauerstoffmaske alles erreicht hatte, täuschte sich. Ich bin immer ein Bergsteiger gewesen, der noch einen Schritt weitergehen muß, wenn er eine Grenzsituation bewältigt hat.

Diesen Schritt weiter bedeutete 1978 für mich der Alleingang auf einen Achttausender. Jetzt fühlte ich mich stark genug für die Verwirklichung meines alten Traumes: ich wollte den Nanga Parbat allein besteigen. Kaum acht Wochen, nachdem ich auf dem Everest-Gipfel gestanden hatte, schlug ich unter

der Diamir-Flanke mein Basislager auf. Hier ließ ich Terry, den obligaten Begleitoffizier zurück, und Ursula, meine ärztliche Betreuerin. Ich hatte inzwischen die Kraft, hier, wo mein Bruder den Tod gefunden hat, weiterzuleben. Und diese Wand war ein Stück meines Lebens geworden. Mit 15 Kilo Gepäck auf dem Rücken stieg ich am 7. August in die Wand. Das Wetter war gut und ich kletterte bis auf eine Höhe von 6500 Meter. Hier stellte ich im Schutz einer Eiswand mein Zeltchen auf und verbrachte die Nacht. Um fünf Uhr morgens weckte mich ein Erdbeben. Es war, als ob der

465

463

464

466

467

468

ganze Berg aus den Fugen geriete und ich brauchte lang, ehe ich danach den Mut hatte, weiterzuklettern. Die Höhe machte sich bemerkbar, ich hatte Halluzinationen. Nach einer endlosen Traverse errichtete ich unter der Gipfelpyramide mein zweites Nachtlager. Nach qualvoller Spurarbeit und heikler Kletterei stand ich gegen 16 Uhr am 9. August auf dem Gipfel. Kurz vor Einbruch der Nacht war ich zurück bei meinem kleinen Biwakzelt. Schneestürme hielten mich dort gefangen, bis ich am 11. August so schnell ich konnte über

den direktesten Abstieg die Wand hinab floh. Ich hatte meinen größten Feind geschlagen, die Angst vor der Einsamkeit.

463 Blick aus der Wand am Gipfeltag
464 Mein zweites Biwak
465 Am Gipfel habe ich die Kamera auf den Pickel geschraubt und mich mit Selbstauslöser fotografiert
466 Die Wand
467 Akklimatisationsbiwak am Ganalo-Peak
468 Der Ganalo Peak, den ich vom Basislager aus vor meinem großen Unternehmen bestiegen habe

169

469

470

Abenteuer

472

471

473

Inzwischen habe ich wohl mehr als zweitausend Gipfel in meinem Leben bestiegen. Trotzdem gibt es unendlich viele mehr, die ich gern noch kennenlernen würde.

Wenn mich die Leute fragen »Du hast doch alles erreicht, was willst Du noch mehr?«, so antworte ich meist: »Ich will, ich muß unterwegs sein.«

Am Anfang ging es mir wahrscheinlich in der Hauptsache um die Befriedigung meines bergsteigerischen Ehrgeizes. Einen Berg kann man aber nicht mit nach Hause nehmen, also ging es mir weniger um's »Haben«. Ich wollte bestimmte Schwierigkeiten bewältigen, bestimmte Höhen erreichen, einen eleganten Stil praktizieren. Es ging mir ums Können. Ich wollte in allen Sparten des Bergsteigens zumindest erstklassig sein. Heute weiß ich, daß ich einen großen Erfahrungsschatz habe, daß ich viel kann, aber ich lege keinen großen Wert mehr darauf, der Beste zu sein. Ich verzichte darauf, mich an anderen zu orientieren und jeweils auf dem neuesten Stand des Bergsteigens zu sein. Die Zeit meiner Nachfolger ist angebrochen. Was mir heute wichtig ist, das ist Laufen, Gehen auf klassischen Routen, im Gebirge unterwegs sein. Ich würde heute

474

Wie soll ich erklären, daß Bergsteigern durch Zufall oft Dinge gelingen, die viel größer sind als sie selbst? In den Bergen kommt es wie im Leben darauf an, das Undenkbare zu denken und sich dem Zufall auszuliefern, ihn auszunutzen. Und doch kann niemand den Zufall, dem er unterwegs begegnet, verantwortlich machen. Den Zufall gibt es nicht getrennt von uns. Wir selbst sind mit ihm verflochten wie mit unserem Schicksal.

nicht mehr im Fels trainieren, um ein guter Felskletterer zu sein, nicht mehr laufen, um ein guter Eiskletterer zu sein. Heute klettere ich, weil ich gerne klettere, und laufe, weil ich gerne laufe.

Was mich heute weitertreibt ist die Neugier. Menschen beginnen mich mehr zu interessieren als Berge, mein neues Traumziel ist die Wüste. Die Menschen haben Bergen und Wüsten seit alters her Mythen verliehen. Ich will herausfinden, woher die Mythen kommen, was dahinter steckt.

Was mich heute besonders anzieht, das sind versteckte Berge, heilige Berge, Berge, die es gar nicht gibt.

Die Weiterentwicklung des Bergsteigens überlasse ich anderen. Die Vorstellung, daß inzwischen alles erreicht sei, ist falsch. Solange es menschliche Phantasie gibt, wird es immer neue »Probleme« beim Bergsteigen zu lösen geben. Warum nicht eines Tages den Aufstieg über die Lhotse Südwand mit Abstieg zum Südcol, weiterem Aufstieg zum Everest und Abstieg nach China oder über den Westgrat? Warum nicht die Überschreitung sämtlicher Gasherbrum-Gipfel in einem Zug oder die Überschreitung des Kangchendzönga-Massivs? Manchmal freue ich mich darauf, als alter Mann im Schaukelstuhl die neuesten Alpin-Zeitschriften zu lesen.

478

479

Ich habe mit meinem Stil, mit meinen Ideen ein neues Tor im Himalaja aufgestoßen. Jetzt haben die jungen Bergsteiger die Möglichkeit, etwas zu tun, was früher auf Grund von Vorurteilen nicht denkbar war.

Die Tabus sind gebrochen, nun kann das Spiel Mensch-Berg voll ausgespielt werden. Der Sicherheit zuliebe habe ich gezeigt, wie langsam und mühselig der Weg bis dahin ist. Um diese Aussage geht es mir nicht zuletzt in meinen Büchern, Filmen, Vorträgen. Die Aussage ist mir heute ebenso wichtig wie das Klettern selbst. Trotzdem brauche ich nach wie vor auch bergsteigerische Aktivität. Eines verleiht mir die Energie fürs andere.

Das Wesentliche aber hat sich nach innen verlagert. Früher wollte ich immer alles mögliche beweisen – heute steckt dies als Wissen ganz einfach in mir. Was mich heute interessiert, ist, was sich über die Fakten der Tat hinaus abspielt.

475 In der Sahara
476 Verfallenes Kloster in Tibet
477 Yaknomaden am Shisha Pangma
478 Höhentest im Flugzeug
479 Der Everest von Süden
480, 481 Kletterei in den Dolomiten

480

481

173

Große Erfolge beim Bergsteigen setzen nicht nur ebenso große Begeisterung voraus. Es gehört auch eine gute Portion Verrücktheit und der richtige Augenblick dazu. Wie oft kommt das alles zusammen? Zweimal, vielleicht dreimal im Leben eines Menschen. Deshalb gibt es so viele gute »unbedeutende« Bergsteiger. Die »bedeutenden« sind nicht besser — sie haben vielleicht mehr Glück gehabt oder sie haben mit ihrem leidenschaftlichen Engagement eine günstige Situation abgewartet.

Blick vom Nanga Parbat nach Westen

BERGSTEIGEN

mit Reinhold Messner

Eine Produktion der Bavaria Atelier GmbH für den Südfunk Stuttgart im Nachmittagsprogramm des Deutschen Fernsehens/ARD

-: 2 :-

III.

Rationalization of Roy...

i) Royalty for various... and fixed as under:-

Height

1. 6001 to 7000 Meter...
2. 7001 to 7500 "
3. 7501 to 8000 "
4. 8001 and above (except K-2)
5. K-2

ii) As a special concessio... charged for peaks upto... abolished and peaks upt... attempted without any R...

IV. Helicopter Service.

Availability of allied facil... expeditions such as emergent... high altitude porters have a...

V. Other facilities.

At present, all mountaineering... can bring with them food and ... requirement, duty free. In ord... these expeditions, it has been... to make duty free purchases of... their requirements from bonded... Islamabad.

484

1979 Sahara

485

So lernte ich nach und nach mit meinen Flügeln fliegen. Wohin, fragte man mich. Zurück zum Ursprung!

Im Grunde brachten mich die Expeditionen und Klettereien wirklich wieder zu meinem menschlichen Ursprung zurück. Ich war kein Computer, keine Maschine, kein Beamter. Was hatten Schule und Erziehung nicht alles aus mir gemacht!? Ich funktionierte aber nicht, wie es Kühlschränke und vorbildliche Staatsbürger tun.

Das Bergsteigen in den Alpen, das Herumziehen im Himalaja halfen mir, eine alte Sehnsucht zu befriedigen — die Sehnsucht, sich frei zu bewegen.

486

487

489

Um mich auf meine geplante Expedition zum K2 vorzubereiten, bin ich in die Sahara gefahren. Ich wollte im Hoggar-Gebirge unterwegs sein, klettern, mich von der letzten Vortragsreise erholen, mein Buch über den Alleingang am Nanga Parbat schreiben.

Mit meinem alten Freund Konrad Renzler habe ich eine ganz neue Welt kennengelernt: Die Wüste mit ihren sich nach der Tageszeit verändernden Farben, Nomaden, Kamele, heiße Tage, eisige Nächte.

An den Felstürmen des Hoggar sind uns einige hübsche Felstouren gelungen, darunter eine Erstbegehung und

mehrere Durchsteigungen von Routen, die andere vor uns aufgegeben hatten. Ich habe hier gelernt, daß die Wüste geistige Energie und schöpferische Kraft verleiht.

484, 485, 486 Unterwegs in der Sahara
487, 489, 490, 491 Kletterparadies Hoggar-Gebirge
488 Unser kleines Basislager

490

491

488

492

493

K2

Wie oft kam ich am Abend ausgedörrt, hungrig und müde zum Lagerplatz zurück! Wenn wir dann auf unseren Kisten und dem Tisch aus Steinen herumsaßen, trafen sich nicht nur unsere Blicke, die Einsamkeit eines jeden traf sich mit der des anderen und plötzlich waren der Tee, das Feuer, die Erschöpfung gar nicht mehr so wichtig. Wenn sich nur jeder in diesem Zusammenhang aufwärmen konnte.

Der K2 in Pakistan ist mit seinen 8611 Metern nicht nur der zweithöchste, sondern auch der schönste und vielleicht schwierigste unter den Achttausendern. Im Mai 1979 bin ich mit einer kleinen, aber internationalen Gruppe guter Bergsteiger (Friedl Mutschlechner, Renato Casarotto, Michl Dacher, Alessandro Gogna und Robert Schauer) durchs Baltoro zum K2 marschiert. Wir wollten dort die schönste und ungemein schwere Route versuchen, die der Südpfeiler als natürliche Linie vorzeichnet. Bald mußten wir unsere Traumroute aufgeben. So wichen wir auf die klassische Route der italienischen Erstbegeher aus, den Abruzzi-Grat. Nachdem wir drei Lager und ein Sturmbiwak errichtet hatten, gelang es Michl Dacher und mir am 12. 7. 79, den Gipfel zu erreichen.

492 Am Gipfel des K2
493 Anmarsch im Baltoro: Concordia
494 Biwak auf 8000 m
495 Blick hinab zum Basislager
496 Michl Dacher kocht im Sturmbiwak
497 Tanzender Balti-Träger

494

495

497

496

Ama Dablam

Jahrhundertelang war der Ama Dablam in Nepal auf Grund seiner Heiligkeit unantastbar für Bergsteiger. Hoch über dem Kloster Tengpoche faszinierte er jahrzehntelang alle Kletterer, die auf dem Weg zum Everest an diesem geheimnisvollen Sechstausender vorbeizogen. Wolfi Nairz gehörte im Winter 1979 zu den Glücklichen, die eine der ersten Besteigungsgenehmigungen von den Behörden in Kathmandu bekamen. So lud er ein paar alte Expeditionskameraden ein und wir zogen los. Als wir das Basislager erreichten, konnten wir eine neuseeländische Mannschaft beobachten, die unter dem riesigen Eiswulst in der 1300 Meter hohen Westwand kletterte, eine Route, die wir für äußerst gefährlich hielten. Wir sahen,

wie eine riesige Eislawine die neuseeländische Viererseilschaft streifte. Ein Bergsteiger war sofort tot, zwei weitere, darunter Peter Hillary, der Sohn von Sir Edmund Hillary, schwer verletzt. Wir machten uns sofort auf den Weg in die Wand, um den Verunglückten zu helfen. Eineinhalb Tage brauchten wir, bis wir die Überlebenden geborgen hatten. Ein Hubschrauber brachte sie sofort ins Hospital nach Khunde, eine Klinik, die Sir Edmund Hillary vor Jahren für die einheimischen Sherpas gebaut hatte.
Nach der geglückten Rettungsaktion hatte unser Team weder Kraft noch Zeit übrig, die eigenen Pläne am Heiligen Berg zu Ende zu führen. Trotzdem waren wir zufriedener, als uns ein Gipfelerfolg hätte machen können.

501

502

503

504

505

506

507

1980
Everest Solo

In der äußersten Grenzsituation liegt etwas Traumähnliches. Das Gefühl, sich außerhalb des eigenen Körpers zu befinden, diesem Körper zuzusehen, wie er alle Bewegungen traumwandlerisch sicher ausführt, war mir inzwischen wohlbekannt. Ich konnte beobachten, was ich tat und wußte gleichzeitig, was ich tun mußte. Zu wissen, was der eigene Doppelgänger macht und gleichzeitig dieser Doppelgänger zu sein, gehört zu den stärksten Eindrücken meines Lebens.

Grenzsituationen: Ich hatte sie in allen Stufen erlebt. Ich hatte allein einen Achttausender bestiegen, ich war ohne Sauerstoffgeräte auf hohe Achttausender geklettert, ich hatte auf dem höchsten Berg der Erde gestanden. Was mir blieb, war der Traum, all dies auf einmal zu schaffen. 1980 gaben mir die Chinesen dazu Gelegenheit. Ich durfte nach Tibet. Ich durfte den Mount Everest von Norden besteigen, von der Seite, an der in den zwanziger Jahren die tollkühnen Versuche der ersten Everest-Expeditionen gescheitert sind. Mit einem Dolmetscher, einem Begleitoffizier und meiner Freundin Nena richtete ich in Rongbuk ein Basislager ein. Dann stellte ich mit Nena auf 6500 Metern ein vorgeschobenes Basislager am Gletscher unter dem Nordsattel auf. Wir machten einige Akklimatisierungsausflüge und warteten auf gutes Wetter. Zu der Zeit herrschte Monsun und ich hatte nur eine Chance, wenn es mir gelang, eine Pause dieses

511

schneebringenden Windes auszunützen, um zum Gipfel vorzustoßen.

Am 18. August ist es soweit. Ich steige in die Wand unterm Nordsattel, mit 15 kg Gepäck auf dem Rücken − ein kleines Biwakzelt, Nahrung, Kleider, Schlafsack, Pickel, zwei Skistöcke als Stütze. Es ist noch dunkel, als ich in eine Spalte stürze, wie durch ein Wunder kann ich mich selbst befreien, steige weiter. Ich komme bis auf 7800 Meter und schlage an einem geschützten Platz mein Zeltchen auf und schmelze stundenlang Schnee, um mir Tee zuzubereiten.

Im Halbschlaf erwartete ich den 19. August und stieg müde weiter. Langsam, qualvoll, konzentriert. Auf einem Felsvorsprung in 8220 Metern Höhe biwakierte ich zum zweitenmal. Das Wetter hatte sich verschlechtert. Am 20. August ließ ich alles bis auf meinen Pickel an der Lagerstelle zurück. Immer apathischer werdend, zuletzt auf allen

512

184

509

510

Vieren, kroch ich meinem Ziel entgegen.
Als ich nach einer Ewigkeit schließlich
das mir wohlbekannte Stativ, das Er-
kennungszeichen des Gipfels vor mir
auftauchen sah, wußte ich, daß ich phy-
sisch und psychisch meine äußerste
Grenze erreicht hatte.

509 Biwak
510 Tiefblick vom Gipfel
511 Der Ost-Rongbuk-Gletscher
512 Im Basislager
513 Der Everest vom Basislager aus gesehen
514 Tiefblick vom Nordgrat
515 Unterm Nordsattel

513

514

515

516

517

518

519

1981
Shisha Pangma

Seit Minuten, nein seit Stunden bewegte ich mich wie im Traum. Unbewußt, wie unter Wasser, bewegte ich mich, aber mit unbeschreiblicher Sicherheit. Das Gefühl, das alles schon einmal gesehen zu haben, schon erlebt zu haben, den Ausgang zu kennen, gab mir eine tiefe Ruhe. Dabei war der Ausgang gar nicht so wichtig, wenn nur jede Bewegung stimmte, keine Lawine von oben kam, mich der Rucksack nicht aus dem Gleichgewicht warf.

Bereits während meiner Tibet-Reise zum Everest durfte ich den Shisha Pangma erkunden, den einzigen Achttausender, der voll und ganz auf chinesischem Territorium steht. 1981 errichtete ich unter seiner Nordwand mit meinen Freunden Friedl Mutschlechner, Oswald Oelz und Gerd Baur ein Basislager. Außer dem obligaten Begleitoffizier und einem Dolmetscher betreuten

uns diesmal Uschi und Oswalds Frau Vanessa. Trotz des für die Jahreszeit zu früh hereinbrechenden Monsuns gelang es Friedl und mir, den 8022 Meter hohen Gipfel zu erreichen – Friedls ersten Achttausender.

520

516 Lager I auf 6400 m
517 Aufbruch vom vorgeschobenen Basislager in 6000 m
518 Bis auf 7400 m ist der Shisha Pangma ein idealer Skiberg
519 Aufstieg mit Skiern
520 Biwak I
521, 522 u. 523 Friedl Mutschlechner, Dr. Oswald Oelz, genannt Bulle und ich

521

522

523

526

524

Begegnungen

525

Aus der herben Landschaft Tibets zurückgekehrt, genoß ich in diesem Sommer die prachtvolle Üppigkeit Südtirols ganz besonders intensiv. Ich drehte mit einer Gruppe von Jugendlichen in den Dolomiten einen sechsteiligen Lehrfilm übers Bergsteigen. Wir entwickelten riesigen Spaß daran, miteinander in Fels und Eis zu klettern, zu diskutieren, voneinander zu lernen. Ich gab meine Erfahrungen weiter und die Jungen brachten mir bei, wie unkompliziert man Dinge sehen kann. Für mich, dem der Mythos von der harten Männer-Seilschaft von Jahr zu Jahr suspekter wurde, brachte das Filmen in der Gruppenarbeit in ihrer offenen Direktheit einen wesentlich größeren Beitrag zu einem echten Lebensgefühl als der Schwulst vom harten Männermythos.

527

528

529

*Ich, der Alleingänger, werde langsam
hungrig nach mehr Begegnung. Nicht
nur mit der Generation, die jünger und
anders ist als ich, auch die alten Leute
machen mich neugieriger als früher.*

So war es für mich eine große Freude,
dem Bergsteigerpionier Hans Ertl zum
Jubiläum seiner Erstbegehung der Ortler-Nordwand zu gratulieren. Der alte
Eigenbrötler, der sich vor mehr als
zwanzig Jahren grollend in den bolivia-
nischen Urwald zurückgezogen hat und
ich, der ewig von Fluchtgedanken Ver-
folgte, haben uns auf Anhieb verstan-
den.

*Unterwegs sein, Begegnungen haben . . .,
das sind die Wünsche, die vor allem
anderen geblieben sind.*

530

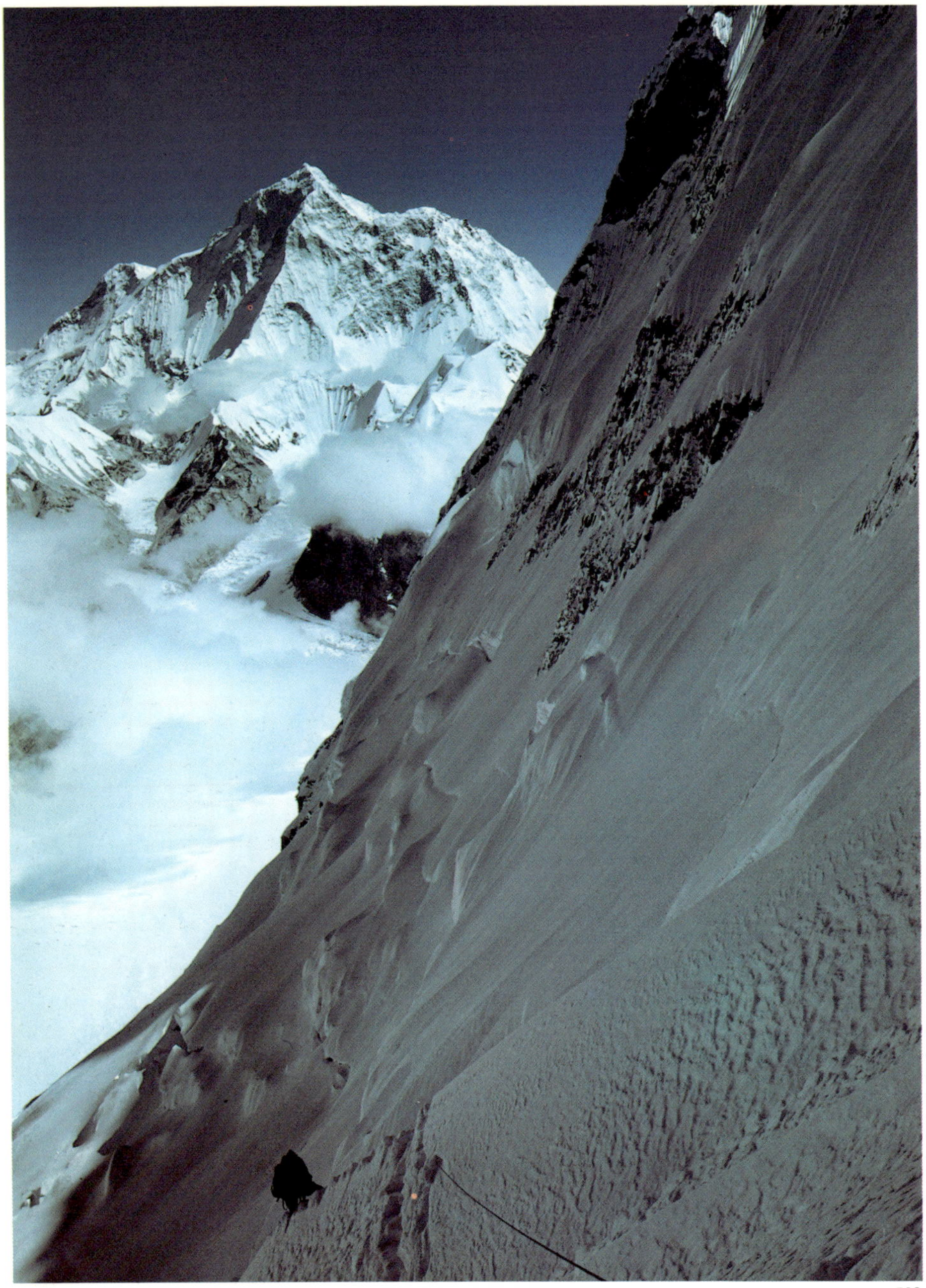

532

Zukunft

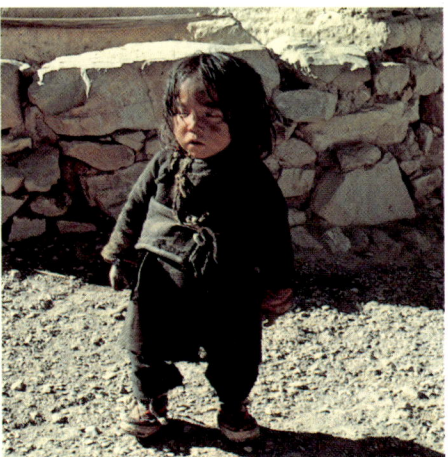

Zu Ende meines begegnungsreichen Sommers in den Dolomiten bin ich wieder nach Nepal aufgebrochen. Gemeinsam mit dem englischen Bergsteiger Doug Scott wollte ich den Makalu überschreiten. Um in die richtige Form zu kommen, machten wir eine schöne Erstbegehung über die Nordwand auf den Chamlang, einen Siebentausender im Makalu-Gebiet. Unser nächstes Ziel, den Makalu, gab ich Hals über Kopf auf, als ich erfuhr, daß in Kathmandu meine Tochter Layla auf die Welt gekommen ist. Dieser Achttausender kann warten, im Moment gab es wichtigeres für mich.

Am Morgen erinnerte ich mich an einen Traum: Ich mußte einmal davon aufgewacht sein, denn er war unterbrochen. Ich ging durch einen langen Gang, der völlig leer war, ganz kahl. Nur ganz hinten lag etwas, etwas, das lebendig war. Es bewegte sich. Ich wußte, daß es von mir abhängt, ob dieses Etwas, ein Kind wohl, ein Mensch wird. Es dauerte eine Ewigkeit, bis ich dort war und wie aus einem anderen Traum kamen mir die Bewegungen, die Züge des kleinen Mädchens vertraut vor. Das Seltsame war, daß diese Vertrautheit so intensiv war, daß ich erschrak und darüber aufwachte.

Vielleicht werde ich eines Tages den Makalu doch noch besteigen. Er lockt mich, wie mich eine Besteigung der Annapurna lockt, oder das Hochland von Tibet.
Mit 5 Jahren habe ich das Bergsteigen mit einem Dreitausender angefangen. Ich hoffe, daß ich mit hundert Jahren mit einem Dreitausender aufhören kann.

532 In der Chamlang-Nordwand. Hinten der Makalu.
533 Doug Scott und ich am Mittelgipfel des Chamlang
534 Annapurna von Westen
535 Anmarsch zum Makalu
536 Blick zum Lhotse und nach Tibet
537 Die Chamlang-Nordwand
538 Wieder daheim in Villnöss

533

536

534

537

535

538

191

1982

Der »Hattrick« –
Drei auf einen
Streich

Kangchendzönga (8598 m, 6. 5. 82)
Gasherbrum II (8035 m, 24. 7. 82)
Broad Peak (8048 m, 2. 8. 82)

Alpin-Profi Messner: „Jetzt will ich auf alle Achttausender"

Der Südtiroler kam am Freitag von Super-Expedition zurück

Von Hans Dräxler

Er ist wieder da. Nach fünf Monaten Arbeitsurlaub im Himalaja...

Leute von heute

REINHOLD MESSNER, Extrem-Bergsteiger, bezwang drei Achttausender hintereinander: den 8598 Meter hohen Kangchendzönga in Nepal zusammen mit dem Südtiroler Landsmann Friedl Mutschlechner, in Pakistan (mit zwei Einheimischen) den Gasherbrum II (8035 Meter) und den 8048 Meter hohen Broad Peak. Im Dezember will er noch den Cho Oyu (8178 Meter) angehen.

... cremefarbener Sommeranzug, himmelblaues Hemd, Sportschuhe mit drei Streifen – kam in Begleitung von Ex-Ehefrau Uschi und dem Nepalesen Ang Dorje.

Die beiden waren dem Alpin-Star auch im Höchstgebirge zur Seite gestanden. Uschi, die immerhin schon mal einen 6700 Meter hohen Gipfel im Hindukusch bestiegen hat, treckte bei den Fußmärschen mit und drückte die Daumen, wenn der (geschiedene) Gatte nach oben strebte. „Das Warten", sagt sie „ist schauderhaft. Aber so eine Tour, das sind auch wunderschöne Erfahrungen, die man gemeinsam macht."

Sherpa Ang Dorje – er nahm sich unter den smarten Verlagsherren und feinen Tuch rührend exotisch und ...

... herzlich aus – kämpfte sich im Mai mit Messner und seinem Freund Friedl Mutschlechner zum 8595 Meter hohen Kantschenzönga hoch. Dessen Nordwand, sagt Messner, sei eine der schwersten, „die ich je durchstiegen habe."

Der Berg forderte sein Opfer: Mutschlechner erfror sich mehrere Finger und mußte danach heimreisen. Messner holte sich erst eine Lungenentzündung und dann einen lebensgefährlichen Abszeß in der Leber. Mit Hilfe eines amerikanischen Arztes und seines zähen Willens rappelte sich der Südtiroler wieder hoch.

Nachdem er zur Aufrichtung mal eben auf einen Sechstausender gepreschst war, holte der sehnige Ex-Lehrer (65 Kilo Gewicht bei 1,75 Meter Größe) zum Doppelschlag aus: Innerhalb von zehn Tagen stürmte er Ende Juli/Anfang August in Pakistan erst den Gasherbrum II (8035 m) und dann den Broad Peak (8048 m). Mit von der Rekordpartie waren zwei Pakistani, deren Staatschef Zia ul-Haq persönlich den Aufstieg gegen saftiges Dollar-Entgelt genehmigt hatte.

Damit hat Reinhold Messner, der seine Expedition nun durch eine Reportage in der „Bunten" abarbeitet, seine Bilanz auf elf Achttausender hochgeschraubt. „Jetzt gebe ich erstmals zu", sagte er am Freitag, „daß ich der erste Mensch sein will, der alle 14 Berge über 8000 Meter schaffen will."

Den nächsten hat er schon im Visier: Im Winter will er den Cho Oyu (8014 Meter) besteigen. Seine Uschi reist auch mit nach China.

Spezi Ang Dorje (33) hat vorerst kleinere Wünsche: der Sherpa möchte gern auf die Zugspitze steigen.

KAMPF IM EIS: Reinhold Messner in der Nordwand des 8595 Meter hohen Kantschenzönga. Foto: BUNTE

Seite 16 □ Süddeutsche Zeitung Nr. 191

Reinhold Messner sammelt Achttausender

Drei Himalaja-Gipfel in fünf Monaten / Gestern wieder in Riem eingetroffen

Drei Achttausender in nur fünf Monaten – das ist die stolze Bilanz, die Reinhold Messner am Freitag bei seiner Rückkehr aus dem Himalaja in Riem präsentieren konnte. Ende März war er gestartet, am 6. Mai hatte er den 8595 Meter hohen Kantschenzönga zusammen mit Gottfried Mutschlechner, am 24. Juli den Gasherbrum II (8035 Meter) und am 2. August den Broad Peak (8048 Meter) zusammen mit zwei einheimischen Sherpas bezwungen.

Für seine ersten drei Himalaja-Reisen hatte Messner fünf Jahre gebraucht. Elfmal insgesamt stand er jetzt auf mehr als 8000 Meter hohen Gipfeln, auf neun verschiedenen Bergen. Er hält damit einen Rekord, den er noch weiter ausbauen will. Sein Ziel ist es, alle 14 Achttausender zu bezwingen.

Trotz großer Schwierigkeiten konnte Messner sein letztes Vorhaben verwirklichen. Nach der gewagten Expedition innerhalb von sechs Monaten drei Achttausender zu bezwungen. Grund genug ...

... gleiter Gottfried Mutschlechner wegen Erfrierungen an den Fingern nach Europa zurückkehren. Messner selbst erkrankte schwer an einer Lungenentzündung und einer Amöbeninfektion, die er jedoch auskurieren konnte.

Zwei Leichen entdeckt

Die beiden weiteren Gipfel bezwang er innerhalb von nur zehn Tagen, den Gasherbrum II am 24. Juli und den Broad Peak am 2. August. Wegen der Genehmigung dafür hatte Messner persönlich mit Pakistans Staatschef Zia Ul-Haq verhandelt. Am Gasherbrum II entdeckte Messner die Leichen zweier österreichischer Wissenschaftler, Teilnehmer einer deutsch-österreichischen Expedition, die verschollen gewesen waren. Alle drei ...

Erstmals drei Achttausender in sechs Monaten bezwungen

Gipfelstürmer Messner von Super-Expedition zurück

Blaue Turnschuhe waren der einzige Hinweis auf seine sportlichen Aktivitäten, als der 37jährige Reinhold Messner am Freitag gutgelaunt und strahlend von seinem jüngsten Unternehmen in Riem eintraf. Immerhin rück er in einer bislang noch nie gewagten Expedition innerhalb von sechs Monaten drei Achttausender bezwungen, diesen Erfolg zu ...

... Messner ... wurde er am ... einem ...

Den ersten Achttausender seiner Bergtour, den 8595 Meter hohen Kantschenzönga in Nepal, bestieg Messner mit seinem Freund Friedel Mutschlechner und dem Sherpa (Bergsteigergleiter) Ang Dorge. Die drei erreichten den Gipfel ohne Schwierigkeiten, hatten beim Abstieg jedoch so schlechtes Wetter, daß sich Friedel Mutschlechner die Erfrierungen seiner Finger nach Europa in ärztliche Behandlung begeben mußte. Reinhold Messner, der den Plan zu den drei Achttausendern in einem Jahr zu bestei...

Nach dieser Mammut-Expedition — Messner mußte die Genehmigung zur Besteigung von zwei Bergen persönlich mit dem Staatschef von Pakistan, Zia ul Haq aushandeln — ist das „Kletterfieber" des 37jährigen jedoch noch lange nicht gestillt: Im Dezember dieses Jahres will Messner bereits schon den 8153 Meter hohen Cho Oyu (Nepal/Tibet) bezwingen. Ist die Verletzung von Friedel Mutschlechner ausgeheilt, wird er Reinhold Messner auch auf dieser Expedition begleiten. Sollte dieser Plan gelingen, wäre es die erste offizielle Winterbesteigung eines Achttausenders und die erstmalige Bezwingung von vier Achttausendern innerhalb eines Jahres.

① ALASKA
Mt. McKinley

② PERU
Jerupaya

③ ARGENTINIEN
Aconcagua

④ EUROPA
Ostalpen: Dolomiten
Ortlergruppe
Zillertaler Alpen
Wilder Kaiser
Rieserfernergruppe
Julische Alpen
Westalpen: Mont Blanc-Gruppe
Wallis
Berner Oberland
Bergell
Montserrat

⑤ ALGERIEN
Hoggar

⑥ KENIA
Mt. Kenya

⑦ TANSANIA
Kilimandscharo
Mawenzi

⑧ PERSIEN
Demavend

⑨ AFGHANISTAN
Hindukusch: Asp e Safed
Noshaq

⑩ PAKISTAN
Karakorum: K 2
Hidden Peak
Gasherbrum II
Broad Peak
Westl. Himalaja: Nanga Parbat

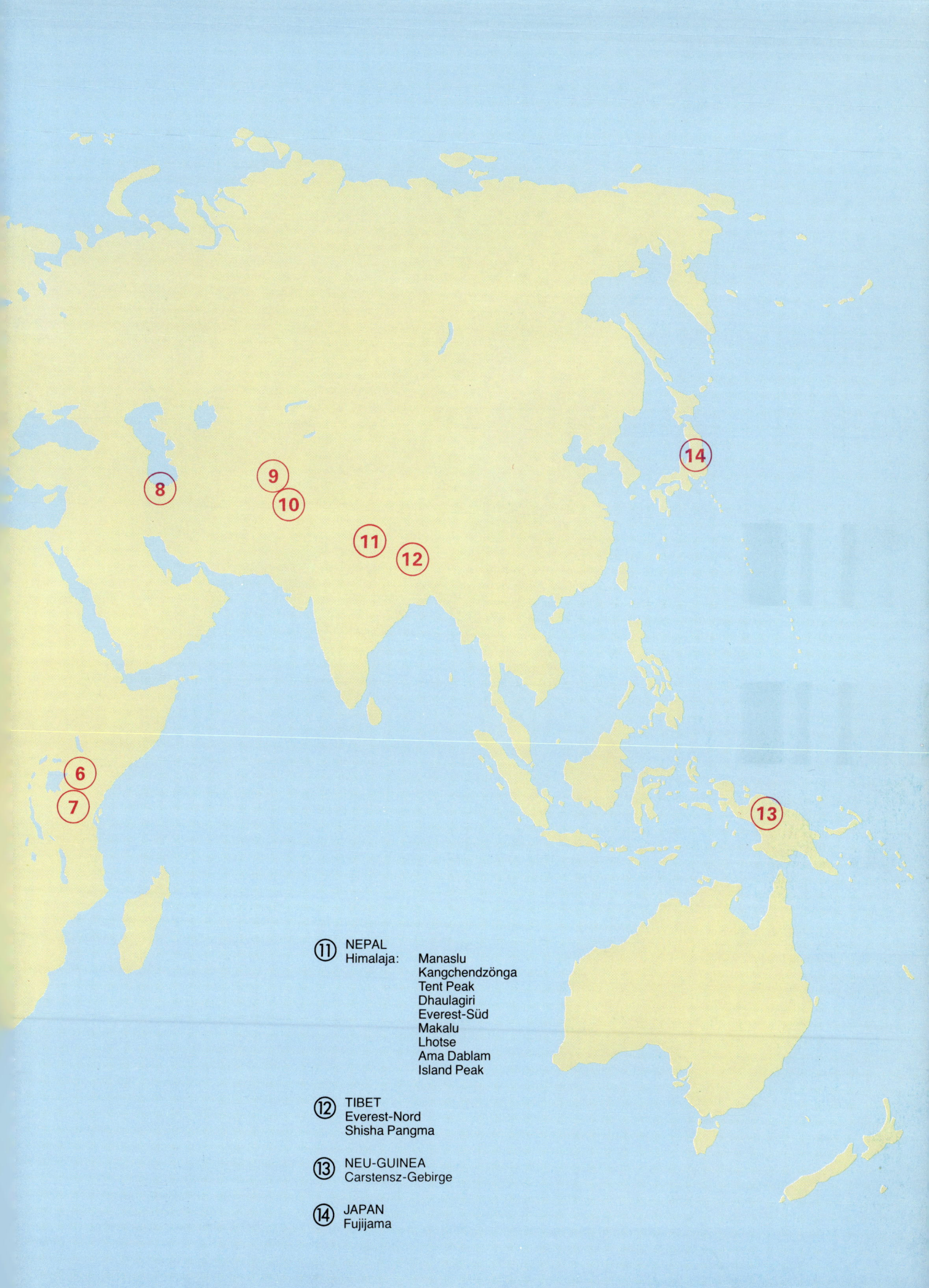

⑪ NEPAL
Himalaja: Manaslu
             Kangchendzönga
             Tent Peak
             Dhaulagiri
             Everest-Süd
             Makalu
             Lhotse
             Ama Dablam
             Island Peak

⑫ TIBET
Everest-Nord
Shisha Pangma

⑬ NEU-GUINEA
Carstensz-Gebirge

⑭ JAPAN
Fujijama

Bildnachweis

Alle Photos aus dem Reinhold Messner-Archiv mit Ausnahme der nachfolgend aufgeführten, die dem Autor freundlicherweise zur Verfügung gestellt wurden:
Nr. 116, 137, 139, 151, 152, 154, 167, 176, 210, 283a, 287, 293, 294, 299, 324, 377, 378, 379, 380 und 428 (Winkler)
Nr. 260 und 261 (Steinkötter)
Nr. 416 (Bildagentur Mauritius)
Nr. 474 (Cassin)
Nr. 479 (Renzler)
Nr. 539 (Scott)

Impressum

© 1982 by F. A. Herbig Verlagsbuchhandlung München Berlin
Alle Rechte vorbehalten.
Redaktion: H. Rochus v. Zabuesnig
Layout und Herstellung: Franz Nellissen
Satz und Umschlaggestaltung:
Atelier Hans Numberger, München
Übersichtskarte:
Kartographie Huber & Oberländer, München
Gesamtherstellung:
Mohndruck Graphische Betriebe GmbH, Gütersloh
Printed in Germany
ISBN: 3-7766-1223-1